渋沢栄一

国富論

実業と公益

国書刊行会

渋沢栄一・古希（1909・明治42年）　渋沢史料館提供

栄一（前列右から二番目）と三井組の人々　　渋沢史料館提供

第一国立銀行　　渋沢史料館提供

『楽翁公伝』の資料を見る（1927・昭和２年）　渋沢史料館提供

刊行にあたって

「近代日本資本主義の父」というのが、渋沢栄一に贈られた名誉ある称号である。また「実業の父」とも呼ばれる。いずれの称号も、その事績に照らして万人の認めるところである。

青淵《せいえん》と号した渋沢は、求められれば、気さくに揮毫《きごう》し、講演に応じ、談話を寄せた。これらの講演録や談話を百話集め「青淵百話」と題し、明治四十五年六月に同文館より出版された。小社は昭和六十一年に復刻版を刊行したが、絶版となって久しい。

本書は彼の数多い著作の中でも代表作といえる。今でもその意義を失わない新鮮な言葉と内容の深さは、現代にこそ輝く処世哲学、実業哲学に満ちている。座右の書として適しているが、千頁を超える大著であり、かつ明治期の文語体は難解である。気楽に手に取り、携帯するには適していない。これは実に惜しいことであると思い続けて星霜を経た。

この「青淵百話」を、仕事に精を注ぐビジネスマンをはじめ、起業や政治を志す方々、そして老若問わずもっと多くの方々に気楽に手に取ってもらいたいと考えた。

このたび出版にあたり、現代語に変え、多少の注記を試みて出版することとした次第である。また大冊を四つの主題に大別、それぞれ内容にふさわしい書名を付し、携帯しやすいものとした。

さらに「青淵百話」の口述の特色である渋沢栄一の「話ぶり」「語り口」の特徴や、多少難しく硬い語彙でも講演で頻繁に使用されているような言葉は、あえて現代語とせず、また残されている彼の肉声録音も参考とし、まるで「渋沢栄一の声が聴こえる」かのような印象を読者に残すことに留意した。

第一冊は、国富論と公益論を中心とした「**国富論**—実業と公益」、

第二冊は、商業・経済道徳や道理等を中心に「**徳育と実業**—錬金に流されず」、

第三冊は、若者の立志を叱咤激励する「**立志の作法**—成功失敗をいとわず」、

第四冊は、彼の驚くべき先見性を示す「**先見と行動**—時代の風を読む」である。

読者は、それぞれ興味ある冊子を気楽に手に取られ、大いなる刺激と勇気を得て、また

心新たな指針として活用されることを望むものである。

財団法人　渋沢栄一記念財団の渋沢雅英理事長よりご推薦の言葉をいただき、渋沢史料館の井上潤館長より多大なご指導を賜ったことを、ここに改めて深く感謝するものである。

また企画から刊行までの労をとっていただいた関敏昌氏、清水郁郎氏、現代語訳にご協力いただいた年来の編集人仲間である近藤龍雄氏に心より感謝申し上げる。

国書刊行会編集部

渋沢栄一　国富論　―実業と公益―　について

人の生涯を公生涯と私生涯に区別したのは、渋沢栄一くらいではあるまいか。公人と私人としての立場や、責任の重さの違いや、影響力、そしてその覚悟を渋沢流に弁別したものである。無論、明確に弁別することは難しい。

私生涯の渋沢は、論語の教義を行動の規範として自らを律した。たとえば、決して高ぶらず、驕《おご》らず、謙譲と信義をもって人に接した。公生涯の場においても同様であり、事業経営の信用の基本であった。また渋沢は論語を実業上のバイブルともした。

渋沢ほど公利公益を口にした財界人もいないのではないか。その国富論、公益論は明快であり、その明るい性格同様に外連味《けれんみ》がない。

個人が私利を意図して事業を行ない、それが決していかがわしいものでなく、道理・商道徳に適い、そこから利益を得れば、それら一つひとつを集めて成立している国家は自然に富んで豊かになるわけである。つまり私欲が効果的に働いて公益を生じる。公益と私利とは一体なのである。

公益となるような私欲でなければ本当の私利とは言えず、公益となるように私欲を満たす事業を営んで自分と一家の繁栄をもたらすだけでなく、同時に国家を裕福にし、平和な社会にすることになるのである。

個人の利益とともに、国家社会にも利益がもたらされる事業であるかどうかが重要で、自分の利益ばかりを打算的に考え、社会への公益を省みないものを慨嘆した。このような事業や道理を外れた胡散《うさん》臭い事業は一時的に繁盛しても、ついには社会の共感を得られぬ虚業というものであるとした。

反対に、社会の公益のため利益をまったく犠牲にし、最後まで収支が合わないような事業は、いかに立派に見えても決して成立せず、社会の公益にとって最善の事業とは言えない。それは国家が大局的に取り組むべき事業として成立させるべきなのだ。

「その仕事が国家に必要であり、また道理にかなうようにしていきたいと心がけてきた。…たとえその事業が小さなものであろうとも、自分の利益が極めて小額であるとしても、国家が必要とする事業を合理的に経営すれば常に楽しんで事に当たることができる」と渋沢は静かに断言している。

編集部

目次

第一部　公利公益のために

第二部　人の生きざまについて

第一部　公利公益のために

国家

国家と国民

国家社会というような問題は、これまでは、政治家や学者などの専門家が取り組む事柄であるかのように、いわば我がもの顔に研究討論されていたものである。しかし実業家もまた国家の一員、社会の一個人であるとして見れば、政治家や学者らとともに並んで国家の運営を担っている者であるから、現代では政治家や学者ばかりがわがままに国家を論ずるべきではなく、実業家もまたそこに並んで大いに国家社会の計画に参加する資格があり、同時にまた責任もあると思う。

だいたい国家の問題のような大きな取り組みは、旧幕府制度における日本の慣例によれば、統治される者には無関係のもの、用のないものというような有様であり、為政者《いせいしゃ》側の少人数のみが国家の運営に関与していたという状態であったが、ようするに政体がそうさせていたことである。

明治維新以前の一般国民の頭には、国家という考えはあっても、それを運営するための行政方針のようなものはなく、ほとんど自分が考えるべき問題ではないものとして世の中を生きていた。だから国家運営の問題と国民の関係は現在のように深く強いものではなく、したがって国民はその権利や義務について自信をもって国民の本分を尽くすというよりも、ただ為政者の高圧的かつ命令的な言動に服従していたという有様だった。

この考えは維新後になっても消え失せることはなく、明治四十五年頃までの風潮は依然として古い習慣に倣《なら》い、国民の国家に対する態度は、習慣的に多くのことを為政者のなすがままに任せておくといったものだった。ところが欧米の文明が取り入れられるにつれ、しだいに民権論を唱える者も出るようになり、国家の一員である国民には誰彼の差別なく同様に国家に対する責任があるという考えが普及して、ついに現在のような状況となってきた。国民が皆同じように国家を思い国政を憂えるようになったのは、国家としての大きな進歩であり、深く喜ぶべきことであろうと思う。

私には口をはさむ資格がある

私は旧幕府時代に統治される側として成長した者だが、幸か不幸か農家に生まれながら漢学を志したために思想が少しは進歩したように思う。早くから国家社会を自分もかかわるものと心得、自分がこれに取り組まなければ国民はどうなるのかというほどの意気込みで故郷をあとにしたくらいだった。だから私の青年時代の社会一般の状態から見れば、私のような者は二十歳ぐらいから分を超えて国家のために微力を注いだ一人であるように思う。

そのような私が現在はどうかというと、かえって統治される者の一人となっているので、いまさら国家問題をどうしようというようなことは余計な心配である。

しかしながら国民である以上は、その国の人情、風俗に関してとやかく心配し、常に政治、実業が正しいか否かを考えるのは当然のことで、むしろ忠実で善良な国民の踏むべき道ではないだろうか。聖人や賢人は「其位に処《お》らずんば其事を謀らず※①」と教えている。私はいまその位にいるわけではないが、国民として責任の一端を担《にな》っているから、必ずしも国家問題に対する所見を述べることができないわけではないと思う。したがって、私の一家言を少し述べて国家に対する希望と抱負とを披露しよう。

【註】 ※① 其位に處らずんば其事を謀らず◆子曰　不在其位　不謀其政――「論語　泰伯編」より。「自分がその位（立場）にいるのでなければ、管轄外のことについて口出しすべきではない」の意。

国家とは何か

国家社会という言葉は日常耳にして慣れているが、そもそも国家と言い、社会と言うのはどのようなものだろうか。私は元来学者ではないから、これを学問的に説明することはできないが、私の常識から判断すれば、国家と言い社会と言おうとも、ようするに形式上の差であり、内容においては同一のものだろうと思う。

一族の集合が一家となり、一家の集団が一村落となり、一村落が一郡となり一国となる。そうして一国の政治組織を備えたものが国家となるのだから、国家と言おうともその始まりは一個人から起こる。もし、これに政治上の意味を加えずに、一家、一村、一国というように次第に拡大された団体として考えてみれば、この団体はやがて社会という名称を付けるべきものだろう。言い換えれば、国家は社会を統一して支配するために作られた一機関で、政権上から仮にそういう名称を付けたものと言える。

さらに一歩進んで考えると、社会は人間の集合団体というような傾向があるのに反して、国家は土地も、人民も、政治も合わせてそこに一団を組織しているもので、社会よりも一層複雑なものであるように考えられる。この議論は、あるいは現代の学者の説と矛盾するかどうかわからないが、私がいま国家に対して説を立てようとするにあたって、国家というものの考えを前述のようなものとしてとらえたい。

為政者《いせいしゃ》の責任

もちろん国家の政体に関する批評のようなことは私たちが言うべきことではない。少なくとも現在の状況に満足だと思っている。願うことは、現在の政治、憲法によってますます国家が裕福になり、ますます国家が強大になるようにしてもらいたい。

それには知徳に優れた陛下の大きな権限を預かる当局者が、その意を深く理解して国民に適用しなければならない。すなわち為政者たるものは優れた知恵、巧妙な働きというようなことを優先しないで、もっぱら敦厚質実《とんこうしつじつ》つまり誠実で情に厚く、飾り気のない政治を行なってもらいたいものである。

わが国の憲法は世界の文明国に則り、長短相まってわが国の伝統的な生活様式、風習に適すようにできているから、その組織において問題はないが、これを運用する方法によっては大いに議論が生ずることになる。

現在、為政者が行なおうとしているところを私たち統治される側から見ると、いたずらに手段に走り知恵に傾きすぎて、どうも敦厚質実の風が薄いように思われる。世の中が文明化されるにしたがい、世界各国ともそのような政治となっていくものだろうか。現在といえども同じく、いわゆる「王道」を行なって民をあるがままに活かす統治が行なえないものだろうか。これははなはだ悩ましい点である。

私のような古い思想を持つ者から見れば、現在の現象ははなはだ嘆かわしい有様だと思っているが、一部の人々の考えによれば、必ずしもそうとばかり思わないらしい。彼らの言い分を聞くと、世の文明化が進むにつれて、自然に人情や風俗は移り変わっていくものであり、古人の「王道」のようなものは現在から見れば古い人の夢にすぎない。時代によって、その時々の仁義道徳ができるものであると論じている。

けれども残念なことに、私はそういう議論に賛成することはできない。私はいわゆる「王道」のようなものは千年も変わらない人間の道であると信じている。人間の行為の標準である仁義道徳がその時代によって変化するとすれば、仁義道徳のようなものはほとんど当てにならないものになってしまう。永久に変わらない大きな精神であるからこそ、そこに大きな権威も価値もあるのではないか。

だから私は為政者に向かって、やはりいにしえの王道を行なってもらいたいと希望するのである。溝や谷で溺《おぼ》れている者がいれば、自分が溺れさせたと考えて政治を行なってもらいたい。ところが、ややもすれば手段に走り知恵に陥り、自分の時代だけともかく無難にやって引退できればよいと考えるような為政者がいないとも限らないので、人情はしだいに低落し風紀も順に緩んで、はなはだ憂慮すべき結果となっていくのである。

上の人間の好むところは下の人間もおのずとそれを好むのが常であるから、社会の各階層で地位と教養のある人々もまたその風潮に倣い、むやみに知恵と富とを尊び、人間唯一の精神はついにいい加減にされるようになる。これはじつに私が心配していることである。

国民の責任

だいたい国家が健全な発達を遂げるには、第一に政体がうまく機能して綱紀を大いに広げ、各方面に政治の意志がくまなく行き渡ることが大切である。たとえば人体に血液が流動するようにしければならない。為政者がこのように動けば、国家は疑いなく強く裕福になるだろう。いかに国家の組織を完全にし、行政機関を十分に整備させても、それらを満足に運用する力がなければ駄目である。身体に四肢五体があるように、国家にもまた四肢五体が備わっていなければ、いかに姿だけが美しくても実質が伴わない。

しかしながら、国家はただ為政者だけで成り立つものではない。国家に適応した為政者が必要なことは、すでに述べたのとおりでほぼ言い尽くされたと思うが、それと相まって国民もまた国民としての責任を重視しなければならない。

昔の王道を行なった立派な君主による統治も、国民が自らその王道の教化に従うことによって天下が落ち着いたのだから、為政者さえふさわしい者に決まれば、国民は自らそれに従うものだと言えるかもしれないが、国民にしても為政者がよくないから国民本来の努めをしないというのは必ずしもよくない。

為政者がどうであるかにかかわらず、国民たるものは国民としての義務責任があるから、それを果たすように自らすべきことをし、尽くすべきことを尽くさなければならない。これは国家に対する国民の権利であり、また義務でもある。国民自身が非難されないだけのことを行ない、そのうえで為政者の非を指摘するのなら十分な道理があるが、自分がすべきことをせず、いたずらに為政者に罪を負わせようとするようなことでは、善良な国民とは言えない。国民たるものもまた、この点を深く考えなければならない。

社会

社会とは何か

私は前回国家を論じ、さらに国家と社会とは形式上の違いだけで、その内容はほとんど同じであるとした。国家というのは政治を行なううえで組織的に作られた形態で、そこから政治的組織をまったく取り除いてしまえば、国家と社会の区別はない。はっきり言って、大勢の人民が相交わるのが社会であり、社会と国家とは政治以外に大差はないものであると述べた。しかし、一つは国家という形態を持ち、一つは社会という名称を負っている以上、国家は国家としての特質を備え、社会は社会としてまた別の特質がなくてはならないはずである。そうして、すでに国家について推測の説を披露したので、今回はさらに社会に対する私の意見を述べてみたい。

社会をうまく誘導してよりよい状態にするには、まずそこに住む人の人格に依らなければ不可能である。そうして風紀が正しく、しかも裕福になれば善良で理想的な社会ということができるが、これに反して風紀が乱れ、目も当てられないような貧困の状態は、もちろん悪い社会と言わなければならない。そして人がどんな社会を要望するかと言えば、もちろん善良な社会を組織したいと希望するにちがいない。そうであれば、理想的な社会をいかにして求めたらよいのだろうか。これは、私がここで説こうとする重要な点である。

社会に対する悲観

現在の社会に対する世の人々の批評には二種類ある。それは極端に悲観する者と、そうでない者とである。私のような者はどちらかというと、むしろ悲観しないほうである。これを明治以前の社会と比較すれば、大いに進歩向上してきたものだと思っている。

ところが悲観論者が説いて言うには「昔は上下貴卑の別のように非常に厳然とした階級

社会だったが、いまはほとんどその区別はなく、上下が同等に見えるようになってしまった」とか、「昔の人は忠信孝悌《ちゅうしんこうてい》の道以外に何も思想がなかったが、こんにちでは思想界にもあまり感心しない危険な考えを抱く者が出てきた」あるいは、「往年の学生は飾り気がなく素直で、剛健な気性に富んでいたが、今の学生はいたずらに柔弱淫靡《いんび》な傾向がある」また、「婦人の虚栄心が強くなって、いわゆる婦徳のようなものがますます薄弱になっていく」「一般に人間が利に走って人情というものが薄らいだ」「少し裕福になった者が傲慢不遜で突飛な言論を行なったり、乱暴な行動に出たりする」などと言って、しきりに社会の風潮を悲観している。

しかしながら、いかなる時代にも社会のさまざまな場面で完全無欠を期待することは難しいと思う。まして文明の過渡期である明治時代の今日《こんにち》において、社会の長所を差し置いて、むやみに短所ばかりを拾い上げていれば、おそらく弊害や欠点は先述した事柄ぐらいで尽きるものではない。そのような悲観の説を述べれば、天下のことは何一つとして悲観しないでいられないものはないことになる。

そんな配慮の足りない不公平な議論をせずに正しく公平な見識を持ち、社会の光と影の両面を比較して、そのいずれに与《くみ》すべきかを考えるのは当然である。こうして私は、この立場から観て、現代社会は明らかに向上進歩の途上にあるものとして楽観しつつある。それでは、何をもって楽観と言うのか。

社会は向上進歩しつつある

いま例を挙げて説明するが、社会で最大の基盤となる富の程度が一般に高まっている。昔の富と言えば土地家屋のようなものに限られ、その範囲も分量もはなはだ狭く少なかった。ところが、こんにちでは有価証券という重宝なものができて、株式のようなものは利殖のための最高の手段と言ってもよいだろう。公債のようなものも同じである。海外貿易のようなものもほとんど昔になかった利殖法である。

楽観できる例を富以外に求めれば、さらにいくらでもある。海陸ともに交通手段が整備されたこと、学校が普及したことなどはとくに著しいものではないだろうか。とりわけ教育において好例を見ることができる。

維新以前の状態と照らし合わせてみると、社会のことに精通している者は百人中一人いるかどうかかかという状況だった。社会の人の多くは無学で識字率が低く、たまたま文字を読める者でも寺子屋に行って少し習ったという程度にすぎなかったから、読み書きできない人がほとんど社会の大部分に充満していた。

ところが現在ではどうだろうか。それと反対に読み書きできない人は皆無であるほどで、日本全国津々浦々《つつうらうら》に至るまで教育はあまねく行き届いている。たとえば三井、岩崎の財閥の子息でさえも、そのとなりの八百屋の子息と比べて教育程度はさほど違わなくなった。

女子教育などはとくに発達しており、昔の女子は裕福な家では深窓の佳人などと言って、できるだけ社会には出ないことになっていたが、今日《こんにち》では女子にも相応に社会的な仕事ができ、教師とか医師とか事務員とかいうふうに男子に対抗して働くことになった。これもひとえに教育の普及による賜物《たまもの》ではないか。

その他、一般社会の交際なども教育のある人々の交わりだから、昔に比べて品格もよくなり、礼儀も正しくなった。もっとも、やや厚顔になったという傾向はあるらしいので、これを昔の遠慮深かった時代に比べれば、場合によっては嫌われることもあるが、概して弊害より益のほうが多く、それらの例証はほとんど枚挙にいとまがないほどである。そのように社会はじつに早く進展しているのに、この事実に対して悲観論を唱える人の気が知れない。

現代社会の欠陥は何か

とはいうものの、私は絶対に現代社会に満足しているのではない。いまだに大いに不満な点があるのは残念である。

不満な点とは何か。それは、仁義忠孝の考え方が他の事実に比べて非常に遜色があることだ。ようするに本物の富というものは、強い信念と厚い徳義によらなければ永遠に維持することは難しい。もちろん富も地位もその人の行動しだいで一時的に得ることができるが、これを永久に維持しようとするには、強い信念、厚い徳義というものを根本思想としておかなければ、その間にいろいろな物や考えに迷わされて邪《よこしま》な方向に進むこともあるから、永遠に強く維持することができなくなるのである。

細かく考えれば、私が残念に思うことの第一はここにある。だから現在、愛国者のつとめは何かというと、もっぱら社会に仁義道徳の考えを鼓舞し、為政者と統治される者との問題に触れずに社会の上から下まで一斉に真摯敦厚《しんしとんこう》、すなわち真面目でひたむきで誠実で情に厚い気風に改めるようにすることが非常に大切である。

社会のことは、主として孝悌忠信《こうていちゅうしん》、仁義道徳なくして救済しようとしても意味のないことであり、ついには画に描いた餅になってしまう。

貧富の格差の問題

さらに一つ注意を要するのは、社会における貧富の懸《か》け隔《へだ》て、つまり格差である。この貧富の格差の結果は、世の中を治める者が最も憂慮すべき悪い意味での社会主義を発生させることになるのである。社会の全部が貧民ばかりで構成されるとか、あるいは反対に富豪ばかりが相交わるならば、人々の思想は平均化されているから別に不平も起こらないのだが、社会が進歩するにしたがって貧富の隔絶がしだいに大きくなっていくことの問題は、欧米諸国の先例が物語っている。

すなわち社会が進歩するという利益のある他の一面においては、貧富の格差という弊害が生じてくるのである。この事実は文明国において同様に味わいつつある苦しみであり、これを甘く調和していくために社会政策というものが唱えられている。

しかしながら私は、このような問題も、また前述のような真摯敦厚の風によって防ぐことができると思う。富豪は自ら富豪である本分を守り、社会に向かってその責任を明らかにし、貧しい者もその分を守って一所懸命に努力し、上下間に相憐れみ相譲る雰囲気があるならば、この間に一つの波も起こることなく社会は極めて平静になるだろう。そうであれば真摯敦厚の風はどんな方法で指導するかというと、仁義道徳孝悌忠信の道を行なう以外に策はない。したがって憂国の士はこの明瞭な救済策を深く考慮し、大いに社会を善風《ぜんふう》美俗《びぞく》に誘導してくれることを希望する次第である。

社会問題と国家問題はあたかも連鎖のようなものである。社会の風を真摯敦厚にすることができるならば、国家も理想的な状態になることは火を見るよりも明らかである。

公生涯と私生涯

公私両生涯の区別

人が世の中を生きていくうえでは、その生涯を公生涯と私生涯に区別して考えてみなければならない。公人として世に立つ場合と、一人の私人として世に立つ場合とである。

公人として世に立つ場合は常に国家全体を視野に入れた考えで事に当たり、すべての仕事をするうえで私を忘れて一身を犠牲にする覚悟を持たなければならない。しかしながら実業界にはそれほど公私の区別がはっきりとしているわけではない。

たとえば、その仕事は国家的であっても利益は資本と出した私人のものになるとか、あるいは私的に行なったことがかえって国家的な利益をもたらしたなどということもあるから、いま自分が公私の生涯を説こうとするうえでも、自らその説明に混乱を生じるしだいである。以前から私が従事しようとしている銀行業のようなものにしても、または他の生産的な工業にしても、いかに国家的な考えによってその事業に当たるとしても、まったく自分の利益を度外視して行なうことはできない。自衛上ある点までは利益を得ることにも努めなければならない。

だから、その仕事に就いている者の心の中は、たとえそれが国家的な考えによるものであっても、自分の利益を得るという点から見れば、国家的な考えのみによるとは言えないことになる。だから公私生涯の区別をつけることはじつに困難で、ともすると、よく世間の人々から非難される公私混同ということに陥ってしまうことにもなるのである。

鉱山業の解剖

たとえば、ここに一つの鉱山があるとする。これを採掘して鉱石を取り出せば大きな国家的利益であり、またある面では私人の利益にもなるが、それよりも先決問題は、その鉱山を掘れば果たして鉱石が出るか否かという点にある。

今日《こんにち》では科学も一般に進歩し、その道の技師にも十分に技量のある人が出てきているから、あらかじめ専門の人に委嘱《いしょく》して調査させたあと、仕事に着手すれば問題はないかもしれない。しかし私は疑う。たとえいかなる名技師の評価や判断でも、神ではない者に見当違いがないとは断言できないだろう。これまでも技師の評価や判断を信用し、そのために株式を募集して事業を興し、一般人に損害を被らせた例は少なくない。その成否は、発掘してみたあとでなければ断定はできないものである。

そのようにある面から見れば投機的な仕事であるが、事業そのものの性質から言えば悪い仕事ではないだけでなく、立派な国家的事業として見られるのである。それなのに世間の人々は株式相場に関係している人々を一口に相場師というように、鉱山事業に従事する人をも俗に「山師」と称して一般によくは言わない。

これは要するに最初の着手した時代がいくぶん投機的な性質を帯びているからのことで、いよいよ鉱石が出るまでになれば、すでに国家的事業であろうが、それまでの間の筋道が面白くない。だから事業界の実際はじつに複雑なもので、一言で公私と言っても、さてこれを区別することになると、なかなか容易なことではない。

公人としての私の態度

自分が事業家として世に出たのは明治六年で、今の第一銀行を創立したのがそもそもの皮切りであった。それから、ずいぶんたくさんの事業に着手し、また多くの会社にも関係してきたが、自分はいまだかつて本当の投機的事業に名を連ねたことも、自ら手を下して行なったこともないつもりである。

しかし前にも述べたとおり、いかに国家的な考えを持っていても、事業そのものの性質上それが営利目的に見えることがあり、または初めから営利目的でやっている仕事でも、その結果がおのずと国家に貢献するようになるものもあるだろう。だから単に形のうえで見えるところだけで、すぐにその仕事に従事している人が心の中で思っていることを推し量ることはできない。ある程度までは事業そのものがその人の心の中を代表するものであろうけれど、時にはまったく見当違いのことがあるからである。

そうであれば、私はいかなる考えによって今日《こんにち》まですべての事業経営に当たってきたかというと、常に国家的な考えによって経営した。そうして形に見える部分はどうであろうとも、私が心の中で国家を無視して事業を考えたことは一つもなかったのである。これだけは誰の前でも遠慮せずに言えるつもりだ。

以上に述べたことを要約すれば、私がこれまで世の中を生きてきた主義は、ただ「国家的な考え」から出ることがなかったということに尽きる。そして、これは自分一人が世の中を生きる道であるだけでなく、天下において誰でもこの心で世に立つならば、必ず間違いないところに近づくだろうと信じる。

私生涯の私の主義

それでは、私生涯における私の心がけはどんなものだったかというと、元来私は漢学で教育されてきただけに、儒教を自分の行動の標準とした。したがって自分の処世のうえで唯一の経典としているのは論語だから、現在のように新時代の教育を受けた人々とは相容れない点がある。まして外国人の思想とはよほど違うところがあるらしい。しかし論語の教義を守ってきたために、こんな不都合がある、あんな不条理に出会ったというように感じたことは、いまだに一回もなかった。

論語にはどんなことが説かれてあるかというと、時々説明するように、ようするに「温良恭謙譲」すなわち穏やかで、素直で、恭《うやうや》しくて、慎ましいとか、「恭寛信敏敬」ないし「言は忠信、行は篤敬」また「夫子《ふうし》の道は忠恕《ちゅうじょ》のみ」というようなことがたくさん出ていて、人は決して高ぶるな、驕《おご》るな、常に恭《うやうや》しく謙《へりくだ》った態度で人に接し、信義をもって人と交われというようなことばかり教えている。私はそのような主義のもとで教育されてきたので、このような信念で自分の行為の標準としてきたのだった。

人に接する心得

自分は今日《こんにち》まで、いまだかつて人を計略に陥れようとしたことがない。たとえ先方の人が自分を計略にかけようとしてきても、私は変わらない信義をもってその人を迎えてきた。このようなことは、現在の人から見ればむしろ馬鹿げているように思われるけれど、論語の教える道理がそうであるからしかたない。

万事がそうしたふうであるから、時にはあまり自分のことを打ち明けすぎる傾向もあるが、もしそれを控えるようにして自分を偽れば、すでに信義に欠けることになり、人に虚偽の付き合いをするようになるから、私の主義としては断じて許されないことである。

そうであれば、初対面の人にも五十年の知己にも、ないしは家族の者にも必ず同じ態度で接するかと極端に質問されれば、それは必ずしも同じであるとは言いにくい。初対面の人と五十年の知己と家族とは、おのおの付き合いの度合いが違い、当然そこに区別がある。そして、この区別を明らかにしなければ、かえって礼を欠く恐れが生じないとも限らない。しかしながら、人に対する心としては、初対面の人も五十年の知己も、ないしは家族にも区別はないと思うので、どんな人に接する際にもあえて別け隔《へだ》てをせず壁を作らない。

そうしてこちらが話すことだけは十分に話し、相手が話すことも十分に聞きただして、互いに誤解がないようにつとめている。すなわち人の身分や階級によって差別をせず、いわゆる一視同仁《いっしどうじん》、つまり誰に対しても同じ態度で人を見るのである。私のこの主義は果たして現代の考え方と一致しているかどうかわからないが、自分はどこまでもこの気持ちで自分の生涯を貫徹するつもりでいる。そして、これが公私の道に背かない行ないでもあると思うのだ。

商業の真の意義

働きと職分を区別せよ

ある人が私に「商業の真の意義とは何であるか」と質問し、さらに「社会共通の利益を図るのに熱心になり、私利を顧ないことが真の商業か」それとも自分の利益だけを中心に考え、社会の公益をむしろ第二の問題としておいても差し支えないのか。もしくは道徳に反しない範囲で両方を行ない、その間で私利を図ることがよいのか。これらの点について説明いただきたい」と求めた。

なるほど、これは商人として抱く疑問であり、誰でもその本当の意義を心得ておかなければならないことだろう。だから私は自分が信じることを述べてその人に答えたが、その趣旨は次のようなものだった。

私はかつて「人生論」で述べたのだが、人は主観的に社会に立つべきではなく、客観的に考えていかなければならない。だから多芸、多能、多智、多才な人でも、ただ一人だけで世の中を生きていくわけにはいかないので、一郷、一郡、一国のために考えなくては、本当に人生の目的を達成できるとは言えない。孔子が「仁者は己立たんと欲して人を立て、己達せんと欲して人を達す」と言われたのも、この意味と同じなので、孔子もやはり社会的な観点からの考えで世の中に立たれたものだと思われる。


だから商業に従事する人も同様に、ここに根本的な考えを置いて取り組まなければならないだろう。もともと商業を営むということは、自分のために起こした行為に違いないが、商業という職分を自分のためだけに考えると大きな間違いである。

道理から考えれば、一方は物品を生産し、一方はその商品を消費するが、この間に立って双方に相通じる職分を成し遂げるのが商業の目的である。そしてこの行為は、互いに相寄り相助けなくてはできないことで、いかに自分一人だけで孤立してやりたいと焦っても、それは誰にも不可能なことである。だから、商業という働きは自分のためのものだが、その事柄は自分の利益だけを目的としては成し遂げることができないので、この職分を自分だけのものにすることはできないのである。

公益と私利

とくに商業において最も厳重に区別して取り組まなければならないことは、公益と私利ということである。とかく世の中の人々は、商業は私欲のために、すなわち私利にこだわるものであるというふうに解釈するが、これは世の人々の解釈が間違っているのだろう。

その私利私欲にこだわることが、得意で勝手な本当に自分一人の利欲のために図られるのであれば、そういう考えから免れることはできないが、商人が道理正しく生産者と消費者の間に立って働くことと、私利私欲ということとを同様に解釈するのは、まったく不当な解釈である。

私の見解では、本当の商業を営むには私利私欲ではなく、公利公益であると思う。ある事業を行なって得た私の利益というものは、すなわち公の利にもなり、また公に利益を与えることを行なえば、それが一家の私利にもなるということが本当の商業の姿である。だから、商業に対して私利私欲などと区別をして議論するのはまったくの間違いであり、利益に公私の区別をして行なう商売は本当の商業ではないと私は判断している。

しかしながら、この公私の区別については詳しく区別して考えないと、とんでもない間違いを生むことになる。たとえば一家の事業を経営することに対して、ただ自分自身のためのものだと判断されることがないとも限らない。けれども国家の大本に遡《さかのぼ》って考えてみれば、それはすぐに判明することである。

個人が大勢集合した団体がすなわち国家ではないか。そうであれば、個人個人がいずれも道理に適《かな》った業態で進んでいけば、それら一つひとつを集めて成立している国家は自然に富んで豊かになるわけである。そうしてみれば、一家の計を立てることは必ずしも私利を図るわけではなく、これを広く解釈すれば、やはり公益を図るものであると言えるはずである。

ここで注意すべきことは、その業態の性質について選択を誤らないようにしなければならないということである。その業態が正しいか否かによって、おのずと公益と私利とが分かれるのであるから、業務の選択も根本を誤らないようにしなければならない。たとえば業態には道理が正しいものと、法律で禁じられてはいないものの、道理上いかがわしいものとがある。それらを混同して、それも公益と私利とが同じものであるというようなことがあってはならない。

私利私欲の終局

もし自分の私欲ばかりを図る者が一人いるとして、その人が業態はどうであるかを顧《かえりみ》ないで一途に利益にのみ目が眩《くら》んで取り組んだならば、その結果はどうなるだろうか。私はこの人が必ずしも利益を得られないとは言わない。広い社会のことだから、そういうやり方でも自分と一家の繁栄を得られるかもしれない。しかし、これは道理に背いた方法である。社会を犠牲として国家を眼中に置かないやり方である。

もし、そういう人ばかりが多く出て互いに私欲を図ることに一心に努めたならば、ついには奪わずんば飽かずという世の中になってしまうだろう。このようにして国家は維持されるだろうか、社会は団結を保つことができるだろうか。言うまでもなく、そういう者は国家の破壊者、社会の攪乱者《かくらんしゃ》である。個人の集合団体である国家社会を破壊することができるだろうか、どうして自分と家族を満足に保っていくことができるだろうか。

だから、このような人は私利私欲を図ろうとして、かえって自分と一家の破壊を招くのに等しいことをしているのではないか。そういう意味で得た繁栄を長く保つことはできないと思う。

結論

私は再度言う。商業は決して個別に成り立つものではない。その職分はまったく公共的なものである。だから、この考えによって商業に従事しなければならない。公益と私利とは一体のものである。公益はすなわち私欲、私欲が効果的に働いて公益を生じる、公益となるような私欲でなければ本当の私利とは言えない。

そして、商業の本当の意義はまさにここにあるのだから、商業に従事する人はこの意義を誤解せずに公益となるように私欲を満たす事業を営んでもらいたい。これはすべて自分と一家の繁栄をもたらすだけでなく、同時に国家を裕福にし、平和な社会にすることになる理屈である。

事業経営に対する理想

会社重役の職責

そもそも社会に一人立ちして、合本法つまり資本を合わせることによって一つの事業あるいは会社を経営しようとするには、その当事者たる者は立憲国の国務大臣が国民から寄せられた期待を担って国政にかかわるような覚悟で取り組まなければならない。

たとえば一つの会社の重役が株主から選ばれて、会社経営の職務に当たる場合には、重役である名誉も、会社の資産も、すべて大勢の株主から自分に任されたものだと理解して、自分が所有する財産以上の注意を払って管理、運用しなければならない。しかしながら、また一方で重役は常に、会社の財産は他人の物であるということを深く念頭に置かなければならない。

それは会社経営において、ある朝株主から不信任感を抱かれた場合には、いつでも会社を去らなければならないからである。なぜなら、重役がその地位を保ち、その職責を尽くしているのは、必ず大勢《おおぜい》の株主の希望によるものだからである。もし大勢の信任がなくなった時は、いつでも潔くその職を去るのは当然のことである。

このような場合、公私の区別がはっきりとついて、会社の仕事と自分の身分とがすぐに判別でき、その間に少しも秘密がないようにしておかなければならない。これは、大勢の株主から期待されてその任に当たる会社の重役が、常に心得ておかなければならない大切な条件であると思う。

商売に秘密はない

ところが現代の実業界の傾向を見ると、時には悪徳な重役が出てきて、多数の株主から委託された資産をあたかも自分が所有しているように心得て、自分の思うままに運用して私利を得ようとすることがある。そのため会社の内部は一つの伏魔殿《ふくまでん》、つまり悪の根城と化し、公私の区別もなく秘密の行動が盛んに行なわれるようになっていく。まさに事業界のために嘆かわしい現象ではないだろうか。

もともと商売は政治などと比べれば、かえって機密などということなしに経営していかれるはずのものだろうと思う。ただし銀行では事業の性質としていく分か秘密を守らなければならないことがある。

たとえば誰にどれほどの貸し付けがあるとか、それに対してどういう抵当が入っているなどということは、道徳上の義務として秘密にしておかなければならないだろう。

また一般的な商売上のことでも、いかに正直にしなければならないとはいえ、この品物はどれほどの値段で買い取った物だが、今このくらいで売るからいくらの利益があるというようなことをわざわざ世間に触れ回る必要もない。

要するに不当なことさえなければ、それが道徳上必ずしも不都合な行為になるものではないと思う。しかし、これらのこと以外で、現在ある物をないと言い、ない物をあると言うような本当の嘘をつくことは断じてよくない。だから正真正銘の商売には、機密というようなことはまずないと見てよいだろう。

ところが実際の社会と照らし合わせれば、会社になくてもよいはずの秘密があったり、あるべきでないところに私的なことが行なわれたりするのは、どのような理由によるものだろうか。私は、重役にふさわしい人物が得られなかった結果だと断定してためらわない。

禍《わざわい》の元はここに潜んでいる

であれば、この禍の元は重役に適任者を得ることができれば、おのずと消滅するものだが、適材を適所に使うということはなかなか容易なことではなく、現在でも重役としての技量に欠けた人がその職にあることが少なくない。

たとえば会社の取締役もしくは監査役などの名前を得ようとするために、ひまをつぶす程度の手段として名前を連ねている、いわゆる虚栄の重役というものがある。彼らの浅はかな考えは嫌うべきものだが、その希望が小さいだけに、さほど大きな罪悪を行なうような心配はない。

それから、好人物ではあるが、その代わりに事業経営の手腕がない者がいる。そういう人が重役となっていれば、部下の人間の善悪を識別する能力もなく、帳簿を調査する能力もない。そのために知らず知らずのうちに部下に誤ったことをされ、自分から作った罪でなくても、ついに救うことができない窮地に陥らなければならないことがある。これは前者に比べるとやや罪が重いが、しかしいずれも重役として故意に悪いことをしたものでないことは明らかである。

ところが、これらの二者よりもさらに一歩進んで、会社を利用して自分の立身出世を計る踏み台にしようとか、利欲を計る組織にしようという考えで重役になる者がいる。このようなことは、じつに許しがたい罪悪である。

その手段としては、株式の相場を釣り上げておかないと都合が悪いと言って、実際はありもしない利益をあるように見せかけ、虚偽の配当を行なったり、実際には払い込まない株金を払い込んだように装ったりして、株主の目を欺こうとすることなどである。これらのやり方は明らかに詐欺行為である。しかし彼らの手段は、まだそれくらいで尽きることはない。その極端な例では、会社の金を流用して投機をしたり、自分の事業に使ったりする者もいる。もはや、これでは窃盗《せっとう》と変わらない。

要するに、この手の悪事も結局、その職務に当たる者に道徳の修養が欠けているから起こる弊害であり、もしその重役が誠心誠意忠実に事業に当たったなら、そんな間違いは犯したくても犯せるものではない。

事業経営の理想

自分は常に事業経営を任ずるに当たり、その仕事が国家に必要であり、また道理にかなうようにしていきたいと心がけてきた。たとえその事業が小さなものであろうとも、自分の利益が極めて小額であるとしても、国家が必要とする事業を合理的に経営すれば常に楽しんで事に当たることができる。だから私は論語を商売上のバイブルとし、孔子の教え以外には一歩も出ないようにしようと努めてきた。

それから私の事業上の見解としては、一人の個人に利益がある仕事よりも、多く社会に利益のあるものでなければならないと思う。そのためには、その事業が堅実に繁盛していかなくてはならないと常に心がけていた。

福澤諭吉翁の言葉に「書物を著しても、それを多数の人が読むようなものでなくては効能が薄い。著者は常に自己のことよりも国家社会を利するという観念を以って筆を執らなければならぬ」という意味のことが書かれていたと記憶している。事業界のこともまた、この理にほかならないもので、大きく社会に利益を与えることでなくては正しい道筋の事業とは言えない。

仮に一個人だけが大富豪になっても、社会の大勢の人々がそのために貧困に陥るような事業であったならば、どのようなものだろうか。いかにその人が富を築き上げても、その幸福が継続されないではないか。だから私は国家の大勢のために富がもたらされる方法を講じなければ駄目だという考えも持ち、明治六年以来、銀行業一筋に身を委ねてから、この心は終始一貫して現在まで変わることがなかったつもりである。

第一銀行と私

国家を一個人である自分の家にするというようなことは、本当の立憲国の為政者がすべきことではない。そのようなことがあるとすれば、いわゆる王道に背くものであるから、誰もそれを黙視してはおかないだろう。事業を経営するうえでも、やはりそれと同じ考え方でなければならない。

私は実業界に入って以来、いまだに一日もこの考え方を失ったことはない。現在、自分は第一銀行において相応の力と信用を保ち、株も一番多く持っているから、もし私が銀行を自分の自由にしようと企てたならば、ある程度できないことはないと思う。だが私は、明日第一銀行の頭取を辞めても差し支えないようにしている。というのは、第一銀行の業務と渋沢の家のこととは塵《ちり》ひとつでも一緒にせず、その間にははっきりとした区別ができているということである。

私は自分の地位を利用して、第一銀行の金で私利利欲を計るというようなことは微塵《みじん》も考えていないだけでなく、時として私財を割いてまでも第一銀行のために尽くし、その基礎が安心で堅固であるように図ってきた。

私の実際の経験談を述べれば以上のようなものである。そして、もし世の中の一般人が私の持論のように、社会の大勢の富を考慮することに立脚して、その事業経営に当たるならば、その間に大きな間違いが生じることはないだろうと信じている。

企業家の心得

企業家一般の注意

そもそも一つの事業を起こし、成功させようとするのは大変困難なことで、非常に固い決心と綿密で周到な注意をもって取り組まなければならない。これは企業家の心構えだけに関する注意だが、次に考えなければならないのは、自分が計画しつつある事業は果たして可能性があるものなのだろうか、それとも不可能なことなのだろうかという問題である。そして、これらのことは企業の始まりであり、この問題の解決を完全にしないで無謀に事業を企てるならば、その事業は誠に危険なことだと言わなければならない。

孟子のいわゆる「泰山《たいざん》を挟《わきばさ》んで北海を超ゆる※①」は現実の事業ではとうてい不可能なこと

だが、世間でこれに類した性質の事業を企てて平然としている者がいるのは、驚かざるをえないことである。このようなことはほとんど論外で、もちろん真面目な企業家と同様に論じるべきではない。では、可能性のある事業なら何でもよいかというと、ここが企業家として最も考慮しなければならない点だと思う。

一例を挙げれば、富士山頂に完璧な旅館を建設しようという事業を考えれば、決して不可能なことではなく、やってできないことはない。しかし、富士山頂に旅館ができても、十分に営業していける見込みがあるかないかは、疑問ではなく、間違いなく成り立たないことは誰でもすぐに見当がつくだろう。これは少し極端な例だが、可能性のある事業でも、必ずしも成り立つとは言えないことを説明するには十分である。

【註】※① 泰山を挟んで北海を超ゆる◆「孟子」梁恵王の上の中で、泰山（太山）を脇に挟んで北海（渤海）を飛び越えることが、人間の力ではとうてい不可能なことの喩えとして説かれている。

企業要領

事業界のことは、このようにじつに複雑で面倒なものである。だから仮にも一つの事業を企てるには、細心な配慮によって、手抜かりや欠点がないことを期さなければならない。そこで今、企業に関する最も注意すべき大切な事項について、気付いたままを次に指摘し、解説してみよう。

(一) その事業が果たして成立すべきものなのかどうかを深く考えて見極めること。

(二) 個人の利益とともに、国家社会にも利益がもたらされる事業であるかどうかを理解すること。

(三) その企業を起こす時期が適当であるかどうかを判断すること。

(四) 事業成立の際に、経営者として適当な人物がいるかどうかを考えること。

以上、四か条だが、これらの諸項目が十分に兼ね備えられ、満たされているものなら、その事業はまず見込みのあるものと見て差し支えない。ここで初めて仕事に着手してよいことになる。

第一か条、成立の可否

さて第一条件の「その事業が果たして成立すべきものなのかどうかを深く考えて見極めること」というのは、前に述べたような、やってできることか不可能なことかという論ではなく、一歩進んで、とにかくその事業は間違いなくできることではあるが、果たしてそれが成立して事業進行の見込みが十分に立つかどうかということの研究である。

言い換えれば一歩進んだ数字の問題になる。俗に言う、いわゆる「勘定合って銭足らず」というように、数字のうえでは十分に見込みがついていても、事業を経営してみたうえで、果たしてそれだけの利益を収めることができるかどうかは疑問である。だから、その事業に対して十分な勝算も立たないのに、漠然と「この事業は有望である」とか「世間の需要があるだろう」くらいの考えで、すなわちその「だろう勘定」で事を始めると、十中八九までは失敗を招くことになる。

そこで、企業家にとってまず第一に心に置かなければならないのは数字の問題なので、成功の見込みを細かく綿密に見極めて、右から見ても左から見ても間違いないというようにしなければならない。これらが完全にできれば、その事業は大体の骨組みだけは成立したと言ってもよい。

第二か条、公私の利益

次に「個人の利益とともに、国家社会にも利益がもたらされる事業であるかどうかを理解すること」というのは、その事業を経営していき、自分一人の利益になるだけでなく、同時に国家社会の利益にも与《くみ》するような仕事でなければならないということである。

これは世の実業家が一度口を開けば必ず言うことだが、多くは言行不一致で、実際には自分の利益ばかりを打算的に考えて、社会への公益のことは外に置いて省みないものがたくさんある。このようなことは、誠に実業界のために嘆かわしいことであるとともに、最も考慮しなければならないことであろう。

自分の利益ばかりに着目する事業は、もし一時的に順境に向かって繁盛することがあっても、ついには社会の共感を得られずに悲運な状況に陥ることになる。世のいわゆる虚業家というものは、みなこれと似たようなものである。その他、商工業に従事する者にしても、たとえば見本と実際の商品とをごまかすようなものは、一時人の目を眩《くら》まして暴利を貪《むさぼ》ることができても、いつかはそれが発覚する時がきて、必ず社会から葬られてしまうものである。

ところが、それとは正反対に、社会の公益のためであれば自分の利益をまったく犠牲にしてかまわないというのは、いかにも理想として立派なものに違いないが、実際に社会に立って事業を行なおうとするには、おそらく最善の策ではないだろう。どうしてかと言うと、たとえ国家社会のためになるとはいえ、最後まで収支が合わないような事業は決して成立するものではないからである。

もっともこれが国家の事業であるとすれば、その解釈もおのずと別であり、つまり大局から打算して取り組むことになるので、目先の利益はちょっと見えなくても、成立すべき方法あるいは成立させる方法はいくらでもあるだろう。

しかし個人として、もしくは個人的事業としてであれば、それに伴う利益がない以上とても継続はできないので、いかに理想は社会の公益を図ることにあるとしても、事実はそれに伴わないものとなって終わることになるだろう。だから、事業という以上は、自分に利益があると同時に、国家社会の利益にも貢献するものでなければならないのである。

第三か条、時期の適不適

また「その企業を起こす時期が適当であるかどうかを判断すること」というのは、事業の性質上、いかに成立の見込みが立ち、同時に公私の利益が十分に認められるものであるとしても、もし適当な時期を得たものでないならば、事業としての見込みはないということである。

よく世間で「機を見るの明」つまり時期を見極める力ということが言われるが、事業を起こすに当たっても、やはりこれは必要なことであり、時期が良いか悪いかを十分に見抜いて取りかからなければ、時代の潮流によってその事業は圧倒されてしまう。

そのようなわけで、事業を行なううえで時期が適当か不適当かということは、主に経済界の調子が良いか悪いかを指したものである。いかにそれが有益有利な事業であるにせよ、国家の経済が不振で世間一般に不景気の時代には、まずその成立は望みにくいということである。

たとえば日露戦争における日本の経済界はじつに未曾有《みぞう》の好景気で、事業熱もほとんど頂点に達した。このような時代に世の人々は、とかくその潮流に乗じて実力以上の発展を試みたがるので、事業は雨後の筍《たけのこ》のように乱発した。私が言う、いわゆる時期を見るというのはこのことを指したもので、何でもかまわず一時の景気に乗じて事を起こせばよいと考えるのは大きな間違いである。

あれほど景気がよかった経済界もたちまち沈静化する時期が続いたので、一時の景気に乗じて起業した者はみな倒れたり、困難な状況に陥ってしまった。これは実業家にとってちょうどよい活きた教訓だったと思う。いかに周囲の景気がよかったとしても、それが一時期のものかどうか、あるいは継続的なものかどうかを判別して取りかかれば問題はないはずである。企業家にとって時期というものは決して忘れてはならない重要な問題である。

第四か条、人物のあるなし

最後に「事業成立の際に、経営者として適当な人物がいるかどうかを考えること」という問題だが、これは言うまでもなく、どんな事業でもそれにふさわしい人物がいなければ駄目だということを述べたものである。すべて社会における諸々の事業は人物がいることが前提であり、資本がいかに豊富であっても、計画がいかに立派でも、それを経営していく者に適材を得ることができなくては、資本も計画も結果的に無意味なものになってしまう。

たとえば、ここに精巧な一台の機械があるとしても、機械は自分で動くものではなく、それに人力や火力などの動力を加えなければ、精巧な機械も何の役にも立たないものである。事業経営上に適任者を得るのは、ちょうど機械における動力のような関係である。

そして人材を得るのと得ないのとは、事業上から見て二重の損益がある。それは適任者を得られない事業が、せっかく成立してもついに失敗してしまうような悲運に陥るのに対し、適任者を得た事業は、もし事業がそれまで実績がよくなかったとしても、それを挽回することができるだけでなく、さらに進んでこれを隆盛に転じるだけのことができる。事業はじつに人物次第であるということを忘れてはならない。

以上述べたことは、事業を起こそうとする者が是非、常に心に留めて忘れてはならない条件である。しかし人間は万能ではない以上、いかに緻密に細かく考慮したことでも、時には誤った見方がないとは断言できない。

たとえば自分がこの人ならばと見込んだ人物でも、案外、見当が外れることもあるし、また時期の見損ないをしたり、計画に見込み違いなどが生じることもあるから、時と場合によれば、十分によいと見込んだことでも失敗するのである。だから事業を起こそうとする場合には前述の四点について十分に熟慮してかかることをくれぐれも忘れてはならない。

事業加入者の心得

さらに私は企業者の側ではなく、事業に加わる側の人に向かって一言警告しておきたいことがある。それはどういうことかと言うと、事業家が発起した事業に賛成して加入する際に用心すべきことは、出資の程度を考えることと、道徳心を尊重することである。

私はこれまでしばしば人から推薦されて、事業の創立者や役員になったことがあるが、もしそういう場合でも自分の資力以外から出資したことはなかったし、身分不相応に過大な出資をしたことも決してなかった。ところが世間の事業の協力者を見渡すと、自分よりも資産が少ないだろうと思われる人が自分よりもはるかに多い株を申し込み、自分が二、三百しか持たないのに、その人は千株も二千株も持つということがあった。

その時自分は、あの人はいつの間にそんな大きな資力を持ったのだろうかと疑ったものだが、さていよいよ払い込みをするという段になってみると、先に千株、二千株を申し込んだその人が、実際には百株か二百株分しか払い込まないという有様で、創立者側が非常に迷惑することがたびたびあった。
こういった人々の心中を洞察すると、おそらく会社の創設を機会に権利株を売って私腹を肥やそうということなのだろうが、それでは事業そのものに対する誠意がない。最初からすでに忠実でないわけだから、国家的な考えによって事業に参加するような意志はさらにないのだろう。中にはそれほどの悪意があるのではなく、たくさん申し込んでおいても、払い込みは何とかなるだろうくらいに考えて申し込む者もあるだろうが、それでは自分の身のほどを知らない人と言われてもしかたない。

いずれにしても道徳心が薄いことは争えない事実である。事業を起こすにあたって、協力者の道徳心のなさ、信用のなさほど恐ろしいものはない。迷惑が及ぶのはその人一個人の問題だけでなく、そのために事務進行にも手間が増えるので大変なことである。事業家として最も用心しなければならないことである。

事業家と国家的な思考

明治維新は我が国にとって、長い冬の眠りから目を覚ましたような大変革期であった。古い制度や習慣が破壊されるとともに、新しい文明が非常に大きな勢いで輸入されたが、それにつれて、また各種の事業も計画され創業された。

しかし当時、これらの事業に関係していた者の中で成功した例を見ると、多くは国家的な考えを持って従事した事業であるため、明治初年における事業界の状態は、ほとんど国家の利益のために奔走したものであった。このようにして交通、運輸、通信、金融などから各種の商工業に至るまで、新文明の恩恵に浴することができ、日本はここに二千余年来の古い衣を脱ぎ捨てることになった。以上は、明治初年における本当の事業界の様子である。

それに引き換え、近頃の事業界における企業家一般の気風はどうだろうか。もちろん少数の異なる例はあるとしても、こんにちの企業家に果たして本当の国家的な考えがあるのだろうか。これはおそらく、疑いなしとすることができない問題だろうと思う。

私の目に映ったことよって推測すると、こんにちの企業家の多くは国家よりも、まず第一に自分の利益に注目するようになっていはしないだろうか。とりわけ、そのひどいものに至っては、眼中に社会がなく、国家がなく、ただ私利があるのみという振る舞いすら見受けることがあるが、明治初年の企業家に比べて、その心中の違いはどんなものだろう。このような者によって、果たして事業の経営が完全にできるのだろうか。

事業経営のようなことにおいて、経営者の目の中に国家もなく社会もないような状況では、その事業はとうてい恒久的な生命を保つことができるものではない。ただただ目前の利益にのみ惑わされ、国家社会とともに発展していくことを度外視すれば、事業の基礎が堅固にして恒久的な生命を保つことは望めないのである。

このような企業に伴う弊害

近年の事業界の様子を見ると、景気のよさそうな事業が無闇に起こっているが、起こったかと思う間もなくたちまち倒れてしまう事業が多い。世に「泡沫会社」などという怪しい代名詞が作り出されるようになったのも、要するに国家と社会とを眼中に入れない企業家およびその事業の運命を語っているにほかならない。

私が常にこれらの企業家と称する者の態度を見ていると、何の確信もなく精神もない。たとえば甲という製造業がこの頃非常に景気がよいと聞くと、たちまちよだれを長く垂らしてそれを真似て事業を起こすが、それは創意があるものではなく模倣である。だから、形式は学ぶことができても精神が行き届いていないので、思ったとおりにやれるものではない。こんな調子で新事業は企てられるが、その結果、互いに競争を行なうようになる。もちろん競争は事業にとって悪いことではないが、それも程度の問題で、無謀な競争をすれば必ず共倒れとなるのである。

そもそも事業に着手しようとする者は、まず静かに社会の大勢《たいせい》を参考にして取りかからなければならないと思う。眼中に国家も社会もなく、事業の前途をも考慮せず、ただただ現在儲かりさえすればよいというような浅はかな考えで起業すれば、たちまち生産過剰を来たし、旧来の事業も振興の事業も、共倒れしなければならない運命になる。

だから、もし仮に製造業のような事業を起こすとすれば、まず第一に社会の需要から見当をつけ、計算して取りかからなければならない。現在、甲の会社がその事業で景気がよいからと言って、乙の会社が根本的な調査も行なわず、長い展望に立った社会の需要も考えず、すぐに甲の真似をして製造を開始するようなことをすれば、その事業は当然、悲運な状況に直面しなければならないのである。

国家的な事業とはどんなものか

事業というものの性質を考えれば、取り立てて国家的事業であるとか、社会的事業であるなど、その効果を並べ立てるまでもなく、すべて国家社会の利益にならないものは何一つとしてあるはずがない。もし仮に私利を得るためだけになって、国家社会とその利益が抵触するようなものがあるとすれば、それは事業としての性質に欠けるだけでなく、決して長続きする命があるものではない。

ところが、世の企業家というものが何度も同じように口にする話として、これは国家的事業であるから是非賛成してくれとか、これは地方産業のために必ずなければならない事業だとか言うのだが、天下においてこれほどわけのわからないことはないだろう。

私がかつて大蔵省にいた頃のことだが、地方の事業家などが出てきて、「これは国家事業であるから国庫の補助をお願いしたい」ということをたびたび聞かされた。私はそのつど、それらの人に対して次のように答えた。

「そもそも世間で言われる理屈と紐《ひも》とはどこまでも付いてくるものだから、国家的事業だ、国益上の興行だと言えば、天下においてどんな事業でもそうではないものはないということになる。米屋が米を売るのも、車夫が車を引くのも、みな国家事業であると言うことができるだろう。なぜかと言えば、米屋があるために、車夫がいるために、国民の一部分は確かに利便を得ているからである。このような理屈はどうにでも付けられるから、今君たちが何々事業だなどとことさら国益を振り回して政府の補助を依頼しようとするのは、非常に虫がよすぎる言い分だろう」と。

要するに理屈はどうにでもなり、どこにでも付くものである。ところが、その理屈をみだりに使って国家事業云々と自慢げに大げさに言う企業家ばかりが、国家のために働いているわけではない。交通とか、通信とか、金融などという少数の直接国家に関係を持つものは別問題だが、その他のものは、たとえそれがどのような種類の事業であろうとも、企業家がとくに事業そのものを誇るのは間違いである。

つまり、国家社会と共通するような関係のある事業以外は、国家的事業というような言い方をすることは許されないのである。したがって一般的な事業において、国民の利益や民衆の幸福ということは、事業そのものとは切り離して考えなければならないだろう。

しかし、国民としての本分に背き、国家の利益に触れることを省みず、国家を忘れ、社会を忘れるということでは、もはや人間でありながら鳥や獣とあまり変わらないものと言ってよいだろう。

事業そのものは別に国家的事業とか国益的産業などのように、取り立てて差別すべきものではない。あるとすれば、事業そのものがすべてそれである。このように事業に差別がないとすれば、これが国家のためになり社会の利益になるようにするには、事業そのものよりも、むしろこれを運営する人物次第と言うことができる。事業家各自の心中によることである。

だから事業家たる者は、よく自重《じちょう》し覚醒して、国家的な考えから外れることなく努めてもらいたい。これは本当に事業家にとって唯一の武器であると私は信じて疑わない。

【註】※① 水戸義公◆徳川光圀（一六二八〜一七〇〇）。常陸国水戸藩第二代藩主。

国家的思考の権化カーネギー氏

アメリカ漫遊

　私がアメリカ合衆国を漫遊したのは明治三十五年と四十二年の二回であったが、この二回の旅行に際して現大統領タフト氏[※①]をはじめ前大統領ルーズベルト氏[※②]、ハリマン氏[※③]、ロックフェラー氏[※④]、ヒル氏[※⑤]、バンダリップ氏[※⑥]など、あらゆる政府と民間の名士に会見して親しく談話を交換できたことは私自身が光栄であるだけでなく、非常に愉快に感じられたことだった。ところが不幸なことに、二回とも有名なカーネギー[※⑦]、モルガン[※⑧]の二氏に会見する機会が得られず、非常に残念であった。

さて、私はこれら政治界、実業界の傑出した人々に会い、中には非常に忙しかったためにわずかに談話したにすぎない人もいるが、多少議論を交わした人もいないではない。そうして多くのアメリカ人に接触して得たアメリカ人気質というものを一言で言うと、総じていわゆる直情径行つまり思い隠さず物事をはっきりと言い、思い切りのよさがあり、知力が非常に豊かであり、思ったことは必ず成し遂げる気性を持っていた。これはじつに、アメリカ合衆国が開国以来、歴史がさほど長くないにもかかわらず、大きな国力を持つに至り、国の栄光を世界に示しているゆえんであろう。

【註】※① タフト氏◆ウィリアム・タフト（一八五七〜一九三〇）。第二十七代アメリカ合衆国大統領。第十代連邦最高裁判所主席裁判官。

※② ルーズベルト氏◆セオドア・ルーズベルト（一八五八〜一九一九）。第二十六代アメリカ合衆国大統領。一九五〇年、日露戦争における日本とロシアの調停役を務め、翌年ポーツマス条約（日露講和条約）の立役者としてノーベル平和賞を受賞。

※③ ハリマン氏◆エドワード・ヘンリー・ハリマン（一八四八〜一九〇九）。アメリカ合衆国の実業家、銀行家。

※④　ロックフェラー氏◆ジョン・ロックフェラー（一八三九～一九三七）。アメリカ合衆国の実業家。石油王としても知られ、スタンダード・オイル社を世界最大の石油会社に発展させたが、慈善事業にも多額の資産を使った。

※⑤　ヒル氏◆ジェームス・ジェローム・ヒル（一八三八～一九一六）。グレート・ノーザン鉄道の最高経営責任者。

※⑥　バンダリップ氏◆ナショナルシティー銀行のフランク・バンダリップと思われる。

※⑦　カーネギー◆アンドリュー・カーネギー（一八三五～一九一九）。アメリカ合衆国の実業家。カーネギー鉄鋼会社の創業者。慈善家としての名声が高い。

※⑧　モルガン◆ジョン・ピアポント・モルガン（一八三七～一九一三）。投資家、銀行家。鉄道会社や海運会社の経営も行ない、金融界と産業界を支配する財閥と作り上げた。社会奉仕活動でも知られる。

ルーズベルト氏とタフト氏

私が会った人物にも、おのおの特長がある。たとえば政治家でもルーズベルト氏とタフト氏とは大いに性格が異なっている。

ルーズベルト氏はなんと評したらよいだろうか。漢語の短い句であのような大偉人を評し尽くすことができないのは残念だが、要するに自分が望んだことに対しては何事も避けることなく、成し遂げるまでは止らないという大決心を持っており、非常に度量が大きく、非常に雄大であり、そのことに全力を傾け、満身が国家的な考えを凝縮しているように思われた。

また当時の大統領であるタフト氏は、いかにも玉のように温厚で、非常にへりくだっていて豊かだが、その中に堂々とした姿勢が備わっており、勇ましく凛々しく、冒しがたい雰囲気を保っている。まだ年齢的に若いにもかかわらず合衆国全土の名声、人望を集めて大統領の地位に就かれたのは理由のあることであり、国内の施設などが合衆国民の希望を満足させていない点があるかもしれないが、だいたいにおいて称賛すべき長者であると見受けられた。

とくに人と接する際の対応ぶりなどには愛嬌があり、俗に言う如才《じょさい》ない人と言ってよい。また非常に記憶力の優れた人と見え、私たち実業団一行に接しられた時のことなど、一度会った人のことは一つひとつ記憶しておられ、それぞれにあの事業はどうで、この事業はこうだと、その長所を捉えて一言ずつ称賛の言葉を応対の中に交えるところなどは、親切で注意力のある人とも思われた。

ハリマン氏とジェームス・ヒル氏

ハリマン氏にはアメリカでも、また日本に来られた時にも会って言葉を交わしたが、アメリカ人としては体格が小さいほうである。しかし全身すべて知恵で固めたような人で、少しも抜け目がない。しかも、非常に素早くすべての談話を進めていくことはじつに巧みである。

たとえば第一銀行の事業に関する質問など「当時、預金はどのくらいありましたか」と聞かれたので、「およそ五千万円ありました。アメリカの銀行に比べれば小規模ですが、しかし第一銀行は日本の銀行界では相当の地位を固めています」と答えると、「日本で五千万円の預金を持つということは、なかなか有力な銀行でしょう」と言って、「その預金の種類はどんなものですか、商売人が儲けた差し引き額が多いですか、金持ちの預金が多いですか、貸金の相手はどんな人ですか」というようなことを抜け目なく尋ね、わずかな談話の中にもその真相を知ることに努めて、話が無駄にならないように心がける人であると推測された。

同じ実業家でも、ハリマン氏とジェームス・ヒル氏とは大きく様子が変わった点がある。私は明治四十二年の旅行の時、セントポールでヒル氏に会見した。いかにも温和な君子のような雰囲気ばかりが感じられ、抜群に才能があるというような様子は少しもなく、言葉も華やかではない。誠に飾り気がなく素直であり、いたって堅実な人であるように見受けられた。

ヒル氏はどちらかというと、むしろ東洋の雰囲気を持った人で、その言葉も非常に穏やかであり、アメリカ流に自分が望んでいることを人にも行なうというようなこともなく、相当に遠慮もあれば謙遜もある。とくに私がヒル氏に感心したのは、例のアメリカ風の勝手気ままで突飛な経営を忌み嫌い、自国の前途を憂える点で「もう少しアメリカ人の浮ついた気性を引き締めて、一般国民が堅実に農業に力を尽くすようにならなければ、自国の将来は思いやられる」とまで極論し、かつ地方の人々が農業を捨てて都会に集中し、商業もしくは工業に移ることはアメリカのために非常に憂えるべき現象である」と論じておられた。

また、日本に対する感想についても、ヒル氏は私と談話中にこう語られた。

「どうもアメリカ人は我がままだから、日本人から嫌われるだろうと心配している。だいたい世の中は勉強から権力が生じるもので、それこそ天の使命と言ってもよい。実際、日本の満州に対する関係は、日清日露の二回の大戦争から得たもので、地理上からも当然認められることで、いわば一番の先着者である。ところがアメリカ国民ははじめ他の多くの国々は日本が優先権を持つことを嫌うように論じているのは、かえって無理があるだろう。二度の大戦争における労力と費用は大変なものである。それに対していく分かの報酬を受けるのは、おのずと約束されていることではないか」と。

他のアメリカ人もみな日本に対してよい感情を持っているらしく、日本の武勇を褒め、日本の進歩を称賛したが、満州の話になると、中には暴力をもって暴力に代えてはいけないという忠告的な言葉がないでもなかった。ところが、ヒル氏に関してはまったくそれと反対で、心の底から公平に言われたように感じられた。これらは誠にその人の道理を明らかにし、公平無私な性格を証明することができるだと思う。

カーネギー氏

さらにカーネギー氏のことを述べたいが、前に述べたように私はまだ一度も氏にめぐり合ったことがないので、あるいは想像論に陥るような点があるかもしれない。しかし、氏の著書を通して私が感じたことを二、三述べてみようと思う。

カーネギー氏の経歴を見ると、氏は学問から身を起こした人ではない。初めはスコットランドのダンファームラインというところの機織屋《はたおりや》に生まれたのだが、しだいに精巧な機械が発明されるに従い、旧式の機織屋は自然に衰退するようになり、ついに一家を維持することができなくなった。

そこで一八四八年に一家をあげてアメリカに移住し、ペンシルバニア州のピッツバーグ市にささやかな家を借り受け、父とともに紡績工場の糸巻き小僧に雇われて、週一ドル二十セントの賃金をもらうようになった。氏が十三歳の時だった。その後、間もなくして市の電信局の配達夫となり、かたわら電信技師としての技術を身につけたが、たまたま一人の技師と知り合いになり、電信技師に抜擢されることになったのであった。

ところが、カーネギー氏は電信技師としても評判がよかったので、当時ペンシルバニア鉄道会社の支配人であった同郷のスコット氏に知られ、ついに同社に入ることになった。その後、この会社の増株募集に応じて十株の株主となり、それからしだいに蓄財してストレイファムの石油坑を四万ドルで買収したが、よほど運の強い人らしく、その一カ年の利益配当が百万ドル以上に上がったことがあるという。

この時、カーネギー氏はわずか三十一歳の一壮年にすぎなかったのである。その後、この会社の主任に昇進したけれども、鉄橋架設の仕事があったときに、将来を見通す見識があったカーネギー氏は、これから鉄材の需要が無限にあるだろうという見込みをつけて会社を辞め、すぐに鉄材供給事業の独立経営に着手し、それ以来、努力奮闘してついに十数億ドルの富を築き上げげに至ったという。以上はカーネギー氏の略伝であるが、私はさらに、氏の美しい精神について少し述べたい。

カーネギー氏の富に対する考え方

カーネギー氏について感心すべき点は、十数億ドルという財産を持っていながら、それをほとんど意に介していないと思われることである。

氏はその財産、その富を得たのは自分が世に立って尽くすべき責任を尽くした結果であり、事業経営に全力を注いだのは、第一に天の使命によるものであるかのように捉え、その使命に基づいて蓄財して得た富をどのように使えば国家社会のためになるだろうかと考えた。それを完全に果たさない以上は、決して人がこの世に立ってその本分をまっとうしたとは言えないというような崇高な考えを持っている。

そもそも世間一般の考えとしては、自分で働いて蓄財すれば、それは自分の勉強や知恵から儲け出したものだから、自分のものと思うのが普通である。ところが、カーネギー氏の持論を見ると、まったくそれに反して、自分が所有する財産がほとんど自分のものであることを忘れているかのように見える。

その持論の中に「富は目的にあらず」と題して、だいたい次のような意味のことが書いてある。

「世の中の人々が、ともすると富を人生の目的であるかのように考えるのは非常にいやなことである。その日暮らしの労働者が金銭を得るのと得ないのとでは死活問題にかかわるため金銭が万能であるとし、金銭の前には誰も膝を屈してくると判断することは無理もない。しかし、かの貧乏な世襲貴族が身分を忘れてひたすら金銭に媚びるのは、おそらく金銭がなければ彼らの華美な生活を維持し、地位や繁栄を願うことできないからだが、そのようなことはほとんど言う必要もない。

さらに今の世の中、その賢さ愚かさを問わず富のある女性を妻に迎え、その財産の恩恵に浴そうとするようなことは、心が卑しく劣っていることは論外と言わざるをえない。もともと自分に何の手柄や功績もないくせに、その親の残した功績に依存して社会で高い地位を占めようと思うのは、はなはだしい誤りである。

試しに見てみなさい。医者のような人、弁護士のような人、裁判官のような人、また発明家、建築家、工業技師、科学者のような人、もしくは大学総長、教授、小学校教員のような人、あるいは詩人、著述家、政治家のような人は富の偶像を拝んだり黄金の魔力を万能として、これを得ることを最終的に世の中の目的とし、生涯の名誉とし、一生の事業であるとはしていない。その眼中には富の偶像よりも、黄金の魔力よりも一層高尚な目的があるからこそ、進んでこれらの職業を選んで従事しているのではないか、云々」と。

これがすなわちカーネギー氏の心中であるが、このような心で蓄えた金こそ、本当に国家社会の公益となるのである。

財産が多いほど徳を発揮する人

古人の言葉に「君子財多ければ其の徳を損じ、小人財多ければ其の過を増す」というものがある。身分の低い人がたくさんの富を持てば必ず過失が伴うものだが、君子人であっても、ともすれば富のためにその徳を損じてしまうようなことがある、という意味を述べたものである。

ところがカーネギー氏は「遺産は子孫に多くの恥をもたらすものである」という考えを抱き、かつて「私の資産四億万ドルをどのようにすべきか」という大提案を発表して世界を驚かせた。そして学校、病院、図書館その他の建築または各種の保護、奨励などに寄付した金は莫大な額であるという。

じつに氏のような人物は、財産いよいよ多ければ、その徳いよいよ発揮するものであると称賛しても過言ではないだろう。こんにちアメリカが世界の富強国として飛躍し、なお発展を続けているのは、前に述べたような何人もの偉大な人物が貢献して力を発揮していることは言うまでもないが、とくにカーネギー氏のように、臆病者を奮い立たせ、頑固者の目を覚まさせるほどの崇高な精神によって世の中に対処しつつあるのは、私が最も喜ばしく羨ましく思い、心から尊敬しないわけにはいかないことである。

純粋な国家的考え

「もし自分があれくらいの金持ちになれば、慈善事業や公共事業に惜しまず金を出すが、今の金持ちは云々」と世間の金のない人はよく言う。ところが金持ちはまた「五千万円の財産がなければ六千万円の財産にしたい。六千万円になれば七千万円にしたいと思うのが人情の常だ。とかく傲慢なことは金のない人だからい言えるのである」と冷笑する。

ところがカーネギー氏は、そんな蝸牛《かたつむり》の争いのようなことには超然としていて、根底から富は自分の力だけで築けるものではないと信じている。だから、熱心に蓄積した何億もの金を、どのようにすれば世のため国のために価値ある使い方ができるのかと苦心したのだろう。次の一節を見ても、氏が心の底から、富はその人だけの力によって成るものではないという理想をうかがうことができるのである。

カーネギー氏は「どのようにして富が築かれるのか」と題して次のように論じている。便宜上、地名などは私が変更した。

「富の分配が平等ではないので貧富の懸《か》け隔《へだ》てが生じるのは、おそらく人々の性格や事情がそれぞれ異なっていることの結果であり、またやむを得ないこの世の成り行きである。しかし富は決して一個人の財産ではなく、社会共同の産物であることを忘れてはいけない。

その一例を示せば、ここに二人の兄弟がいて、仮に地価や周囲の事情は少しも変わらない同様なものとして、兄は王子付近の土地を、弟は大森付近の土地を父から譲られたとしよう。そして、この兄弟は働きぶりも家庭の状態も同様であり、社交界における地位も変わらないとしよう。ところが十年後、東京の市街が南に向かって拡張された結果、弟はついに富豪になったにもかかわらず、兄は依然として一農夫であったとしたらどうだろう。

弟が富豪になったのは、兄に勝る特別な苦労をして土地を値上げさせたのではなく、まったく都会の人口増加という偶然の賜物ではないか。仮の例にすぎないが、実際にありえることなので、これによって富は社会の産物であることが理解できるだろう。すなわち地所の所有者が眠っている間も起きている間も、とどまることなく地価がしだいに上がっていった結果である。

だから、その富を作らせた社会には、その所有者の死後、富の一部分を譲り受ける権利があるということは、必ずしも正義の定めに背くものではない。しかし、その富には個人の経営や手腕によることもあるから、社会は彼らが生前その富を築くことに干渉せず、あたかも働き蜂が毎日休むことなく蜜を集めるように働かせ、蓄えさせ、働き蜂が死んだ時は、国家はその蜂の巣の中に残された蜜、いや富の大部分を国庫に収めるという政策をとるしかない、云々」と。

じつに感嘆すべき高潔な心ではないだろうか。

カーネギー氏は聖人か

カーネギー氏の著書に論じられていることによれば、氏が十数億ドルの富を蓄えることができたのは、自分の知恵や労力だけによるものではなく、社会の力も与《あずか》っていると言い、ほとんどその富を自分の専有物とせず、大部分は国家のものであると思っている。その崇高で高潔な心は本当に敬い慕わずにはいられない。

このような人が多くいたならば、その国は必ず輝かしい国になるだろう。もともと金銭至上主義の国民と言われるアメリカにおいて、このような人を見ることができるのは、じつに私が痛快と感じることである。これらの人こそ、本当に満身、国家的な考えの権化として称賛すべきだろう。

私は普段、東洋の哲理によって物事に対処する癖があるが、孔子の一番弟子である顔淵《がんえん》が孔子の問いに対して「善に伐《ほこ》ること無く、労に施すこと無けん」と答えた言葉や、子貢が「如し博く民に施して能《よ》く衆を済《すく》ふことあらば如何、仁と謂《い》うべきか」との問いに対し、孔子が「何ぞ仁を事とせん、必ずや聖か、尭舜も其れ猶諸《なおこれ》を病めり」と答えられたようなことは、かのカーネギー氏の心中に添うものであろう。

氏は少年時代から巨億の資産を蓄積するほどに苦心惨憺《くしんさんたん》し、事業で勉強したにもかかわらず、現在になっても少しも善行を続け、博く民に施し、衆を済うという殊勝で高潔な心中は、いわゆる聖人賢者の域に達した人物であると言っても過言ではないだろう。

将来の労働問題

日本の商工業といっても、維新以前までは、まだまだ幼稚なものだった。その頃の商業といえば小売商で、工業といえば手内職にすぎないほどのもので、一国の経済機関はきわめて単純だったから、富の程度も比較的平均を保って著しい貧富もなかった代わりに、財産によって世の中に大きな影響を与えるほどの富豪もまた出現しなかった。

ところが維新以降、世の中の気運が向上進歩するに伴い、国家の経済組織もおのずと複雑化し、商業であれ工業であれ、大資本を投じて雄大な計画を行なう時代に推移してきた。したがって過去に平均を保っていた富の分配もそれにつれて揺らぎを生じ、一方で巨万の富を築く富豪が出ると、また一方ではそれと反対に、自分の身体以外には何も待たない貧民が生まれることにもなった。

これは要するに生存競争の結果であって、世の中が進めば進むほど貧富の懸け隔てに格差が生ずることは、たぶん免れることができないだろう。
しかし貧富の懸け隔てを生ずるだけならまだしも、その結果は貧民と富豪、すなわち労働者と資本家との間柄がおのずと円滑でなくなり、反目、衝突が極まれば、ついに社会の秩序を乱し国家の安寧を害するようなことに立ち至るのは、往々にして欧米の先進国で見られる実例である。これは本当に貧富の懸け隔てに伴う悪い結果だが、欧米の学者や政治家は早くからこの救済について頭を痛め、何とかして両者の間を調和し、その関係を円満にしたいというのは、彼らが常に忘れることができない研究テーマである。

幸いなことに、我が国は欧米諸国の文明を輸入した年月が短いことと、一般の風習にも差があることによって、まだ欧米のような労働問題が切迫していないので、こんにちのように放っておいても問題はないように思われるが、欧米の前例に倣えばいずれ近い将来、そういう時代がやってくるに違いないと観測できるのである。そうであれば、現在の我が国のように、まだ労働者と資本家が険悪な関係になっていないうちに、労働問題を未然に防ぐだけの用心をすることが大切である。先ごろ、我が国の学者の間で「社会政策学会」

などというものが設立されて、これらの問題に関する研究を試みようとされている。誠に機会を得たものというべきで、私もまた大いにその趣旨に賛同している。

誤解されやすい社会問題

このような社会問題などは、その性質上、得てして行き違いが生じやすいもので、彼らを扇動する気はなくても、ともすれば彼らはその趣旨を誤解し、また曲解して、ついには思いがけない問題を引き起こすようなことがないとも言えない。

その一例を挙げれば、日露戦争の講和の際に突然起こった日比谷事件[※①]のようなことは、必ずしも社会主義者や労働者の暴動というものではなかったが、講和条件に満足せずに憤激した少数の識者のある行動が動機となって、皇居のある都にあるまじき体裁の悪い有様を演出するようになってしまった。

冷静に考えればこの事件に関係した人々も、最初からそのような無法な行動に出ようという下心があったわけではない。無法な行動に出ても何の得もないことは承知していたであろうに、人気《じんき》すなわち集団心理の発作的行動というのは不可思議な力を持っており、一度爆発すると、それがどこまで突っ走るかわからない。ついにあんな騒動を引き起こすに至ったのは、本当に残念なことである。

とかく人の気は勢いに乗りやすいもので、大人数が群れて集まれば、そこにおのずと過激な挙動が生じてくるものである。そうなれば誰ということなく、ただざわざわと騒ぎ立つ一団の気勢に乗せられて、自分自身と思慮分別を失い、行動の規範を外して心にもない結果に立ち至るようになる。このようなことは、相当の教養と見識のある人々でさえ逃れられない勢いであり、まして感情がほとばしる教養のない労働者のような人々は、勢いに乗せられて自分を見失うような行動に出てしまうのは、むしろ無理もないことだろうと思う。だから、彼らをテーマとする社会問題、労働問題を論議する学者や政治家は、このような点に深く注意して慎重な態度で対応されることを切望する。

【註】※① 日比谷事件◆一九〇五年九月五日に起きた日比谷焼打事件。日露戦争終結後、直接的な賠償金が得られなかった不満によって政府に対する世論の非難が高まり、暴徒化した民衆が内務大臣官邸

や国民新聞社、交番などを焼き討ちしたため戒厳令が敷かれた。

工場法制定の結果は

この頃、政府当局者も社会問題、労働問題などについて多いに自覚するところがあったと見えて、労働者保護の名のもとに「工場法」を制定することになった。そもそも工場法制定の必要性を唱えたのは、日本で初めて紡績業が起こった当時のことであった。その頃の社会一般の状況に照らして、私はその当時、それに対して尚早説を唱えたのだったが、こんにちになってみれば、私はもはやその制定に反対していない。

ただ恐れているのは、労働者保護という美しい名のもとに、かえって後日、多くの禍根を残すことになりはしないかという懸念である。たとえば、従来は比較的円満だった労働者と資本家との関係を、工場法の制定によって乖離させてしまうようなことはないだろうか。また年齢に制限を加えるとか、労働時間に一定の規定を設けるというようなことは、かえって労働者の心に背くものではないのか。

どうしてかと言えば、彼らは子供にも働かせ、自分もできるだけ長時間働いて、たくさんの賃金を得たいと思うのだが、もし子供は工場では使わないとか、労働時間にも一定の制限を設けることになれば、彼らの目的はまったく外れてしまうことになるからである。また同じ工場法の中に衛生設備について非常に難しく記してあるようだが、これも一見立派なように見えるが、実際は内容が伴わないものではないだろうか。

なぜならば、衛生設備をやかましく言うのは、すなわち職工たちの衛生を重んじるからのことであるには違いないとしても、そのために資本家は少なくない経費をとくに支出して、その設備を完全にしなければならない。経費がかさめば、その結果、職工の賃金を引き下げるようにしなければ収支が相償わない。それでは、せっかく労働者保護を名目にしても、実質はそれに伴わないものになってしまうではないか。

一方、労働者の家での生活状態をみると、十人が十人まで衛生設備の完全な家屋に住むことはできない。彼らにとっては、少しくらい衛生設備に欠ける点があっても、なるべく労働賃金が多いことを希望しているのに、いたずらに衛生設備ばかり際立つほど行き届いていても、命である賃金がかえって減却されては、むしろそれを、より大きな苦痛と思うことだろう。このようなわけで、労働者保護という美しい名のもとに制定された工場法も、その実際において、かえって労働者を泣かせる結果をきたさなければよいのだが、と非常に恐れているのである。

唯一の王道あるのみ

社会問題とか労働問題のようなものは、単に法律の力だけで解決されるものではない。たとえば、一つの家族の中でも父子兄弟親族に至るまで、おのおの権利義務を主張して何でも法の裁きを仰ごうとすれば、人情はおのずと険悪になり、それぞれの間に壁が生じて、ことごとに角つき合わせるようなことばかりで、一家の和やかな団欒《だんらん》はほとんど望めないことになるだろう。

私は富豪と貧民の関係も、またそれに等しいものがあるだろうと思う。資本家と労働者との間柄は、もともと家族的な関係によって成立してきたものだったが、急に法を制定して、これだけで取り締まるようにしたのは一応もっともな思い立ちではあろうけれども、これを実施した結果、果たして当局者の理想どおりにいくだろうか。せっかく長年の関係によって資本家と労働者の間で結ばれた、言うに言われぬ一種の情愛も、法を設けて両者が権利義務を明らかに主張するようになれば、勢い互いに遠ざけ合うようになるのではないか。それでは為政者側が骨折った甲斐もなく、また目的にも反することだろうから、ここは一番深く研究しなければならない点だろうと思う。

試みに私の希望を述べれば、法の制定はよいが、法が制定されているからと言って、どんなことでもその裁断を仰ぐということはなるべくしないようにしたい。もし富豪も貧民も王道によって立ち、王道はすなわち人間行為の物差しであるという考えで世の中を生きるならば、百条の法文や千条の規則があるよりも、はるかに勝るものであると思う。言い換えれば、資本家は王道によって労働者に対し、労働者もまた王道によって資本家に対し、その関係しつつある事業の利害や得失はすなわち両者に共通であることを悟り、互いに同情をもって終始する心がけがあってこそ、初めて真の調和が得られるのである。

両者がこのような関係になってしまえば、権利義務の考えなどはいたずらに両者の感情を隔てる以外、ほとんど何の効果もないものと言ってよいだろう。

私がかつて欧米漫遊の際に実際に見たドイツのクルップ会社、またアメリカのボストン時計会社などは、その組織が極めて家族的であり、両者の間に和気藹々とした雰囲気を見て非常に感心したものだった。これこそ私が唱える、いわゆる王道の円熟したものであり、こうなれば法を制定しても、幸いなことに空文に終わらせられるものである。結果的にこのようになれば、労働問題など何も意に介することはないのではないか。

一得一失は社会の常時

ところが社会には、これらの点に深い注意も払わず、みだりに貧富の懸け隔てを強制的に引き直そうと願う者がないでもない。けれども貧富の懸け隔ては、その程度において違いはあっても、いつの世いかなる時代にも、必ず存在しないというわけにはいかないものである。

もちろん国民全員がすべて富豪になることは望ましいことではあるが、人に賢い者とそうでない者の違いがあり、能力のある者とそうでない者の差があって、誰もが一様に富もうとするようなことは望めず、したがって富の分配、平均などは思いも寄らない空想である。要するに富む者がいるから貧しい者が出るというような論旨によって、世の人々がこぞって富者を追いやろうとするならば、どうして富国強兵を実現することができるだろうか。

個人の富はすなわち国家の富である。個人が富もうと欲しないで、どうして国家の富を得ることができるだろうか。国家を富まし自分も繁栄したいと願えばこそ、人々は日夜努力し励むのである。その結果として貧富の懸け隔てを生じるのであれば、それは自然の成り行きであって、人間社会で免れることができない約束と見て諦めるよりほかはない。とはいえ、常にその間の関係を円満にし、両者の調和を図ることは、識者が常に留意しなければならないことであり、覚悟でもある。これを自然の成り行き、人間社会の約束だからとして、そうなるままに放っておけば、必然的に恐ろしい大事件を引き起こすことになるだろう。だから、禍を未然に防ぐ手段を講じて、王道の振興についてよく考えてくださることを切望する次第である。（明治四十四年の春）

社会に対する富豪の義務

私の社会に対する覚悟

社会の平和と安寧《あんねい》を完全に保とうとするには、政治上また社交上、弱者を憐れんで救い、恵む方法を講じなければならない。救済策が公平に適切に行なわれるならば、社会の秩序はいつでも整然として一糸乱れぬはずである。ところが世の富豪という者は往々にしてこのへんの事理をわきまえず、人は人、自分は自分と言って、彼らが貧困であろうと自分の富を築くことに何も心配することなく、富は取れば取っただけ自分の利益というふうに考え、あくまで自分の考えを押し通そうとする者がある。これらは社会の秩序、安寧を保全するうえから論じれば、非常に怪しいと思われる考え方だと言わなければならない。

孔子、孟子の教えによって自分は早くからこのことを深く思い、だいたい富豪として社会に立つ以上は、みずから社会に尽くすべき義務があることを自覚した。もちろん自分の意見は東洋的であるから、こんにちの時代に当てはめれば非常に時代遅れの観があるかどうか知らないが、どんなに思想が古くても、仁義忠孝というものは千年ののちまで消えうせることなく、その根本に遡れば決してこれに新旧の差別があるわけはないから、自分の意見も必ずしも頭から古いものとして一概に捨て去るべきものではないだろうと思う。

さて、自分は実業界の人となったと同時に、前述のような考えからして、自分の力相応に現在まで養育院のために尽力してきた。養育院にも多くの変遷があって、まだ市議会のなかった明治十六年頃、東京府会は養育院を無用の長物として一時廃止される厄難《やくなん》に遭った。その当時は府の共有金によって貧民救助を行なったのだったが、府のほうから廃止されてはいけないので、自分は同志者と謀ってこれを私設として存続することにした。

ところが明治二十二年に市政が敷かれた時、再び養育院を東京市に引き渡すことになり、以来こんにちに至るまで二十余年の年月を経過してきた。この間、私は常に常設委員長として、また養育院長として、終始偽ることなく誠意をもって事業に取り組んできたつもりである。もし私にも富豪の末席に数えられる資格があるとすれば、自分は富豪として社会に尽くすべきことを尽くしてきたと考えており、現在でも心にやましいことは少しもないのである。

時代の方向を見て考えよ

世の人々もすでに知っているように、東京市の人口はしだいに増加し、事業も追い追いその大きさを加え、日清日露の両戦争後のような状況はとくにはなはだしいものだった。そのようなことは一面で東京市の繁栄と言わなければならないが、しかし別の一面から見れば、繁盛に連れて貧窮民が増加したこともまた事実である。すなわち国家の富力が増加するにつれ、それと反対に貧民が増加するという事実を東京市が証明している。

しかしながら、人は飢えたとしても、黙って死を待ってはいられない。食べていこうとするために、忍んでいくつも罪悪を犯すものだから、貧富の間が懸け隔てられるほど、彼らに対する救済の方法を講じなければ、社会の安寧秩序はとうてい保つことができなくなると思う。だから貧民救助は、広く解釈すれば社会に安寧秩序を保つために必要な条件であると言える。

元来、日本の古くからの習わしは家族制度にあり、人よりは家を重んじたものだった。十代十五代にわたって同じ名前の人が連続してあったのはその証拠で、たとえば三井八郎衛門は何代続いたものかわからない。このように家を重んじた代わりに、一族が救い合い、一郷が助け合う美しい風習もこの間に存在していた。現に水戸藩のようなところは、ほとんど農家に付属する敷地は世襲財産とし、誰もこれを売買したり質入れしたりすることはできない制度であり、どこまでも家というものを続かせる策を講じていたくらいである。

当時、社会の風習がこうであったから、家族は互いに救い合い、郷の人々は互いに助け合った。したがってこの間、別に公共的な救助の必要は認められなかった。ところが西欧文明が輸入されるにつれ、あらゆる事業がすべて機械的になり、個人の考えがしだいに発達してきたから、この間で巧みに動き回って手腕を発揮するものは限りない富を築くが、反対に下手な者は貧困に陥らざるをえなくなった。

つまり、良いことはどこまでも良く、悪いことはどこまでも悪いということになってしまったから、貧富の懸け隔てはいよいよひどくなっていく。しかも、それを自然の成り行きと心得、貧困者の救済策を講じる者もなく放っておかれるので、ついには忌まわしい社会主義のような思想を生じるに立ち至ったのだと思う。

救民問題は世界の輿論

私はこれまで救貧のことは人道上から、また経済上から処理しなければならないと思っていたが、現在では政治上からもこれを行なわなければならないと思う。私の友人は先年、欧州の貧民救助方法を視察しようと出発し、およそ一年半の月日を使って帰国したが、私もこの人の出張については多少助力した点から、帰国後、同様の考えを持つ人を集めてその席上に報告演説を依頼した。

その人が語ることを聞いてみると、イギリスのような国はこの事業完成のためにほとんど三百年来苦心を続け、現在わずかに整備することができた。またデンマークはイギリス以上に整備されているが、フランス、ドイツ、アメリカなどは今や各自各様に貧民問題に力を注いでおり、わずかな猶予もないとのことである。そうして海外の事情を知れば知るほど、かなり以前から自分たちが力を注いでいたところに各国も力を入れているように思われる。

この報告会の時、自分も集会した友人に対して意見を述べた。それは「人道からするのも経済上からするのも、弱者を救うのは必然のことだが、さらに政治上から論じても、その保護をいい加減にしておくことはできないはずである。ただし、それも働かずにぶらぶらと遊ばせておくのではない。なるべく直接的な保護を避けて貧困を防ぐ方法を講じたい。救済の方法としては、一般の下級民に直接利害を及ぼす租税を軽減するようなことも、その一つの方法であるに違いない。そして塩の専売のようなことは、このよい例である」という意味であった。

この集会は中央慈善協会で開催したのだったが、会員諸君も私の意見に賛同し、こんにちといえども、その方法などについていろいろな方面に向かって、ともに調査を継続しつつある次第である。

富豪に望む

どんなにみずから苦心して築いた富といっても、富はすなわち自分一人の専有のものと思うのは大きな間違いである。要するに、人はただ一人だけでは何事も行なうことができない。国家社会の助けによってみずから利益を得て、安全に生きていくこともできるのであり、もし国家社会がなかったならば、誰も満足にこの世に立つことはできないだろう。

こう考えれば、富の度を増せば増すほど社会の助力を受けているわけだから、この恩恵に報いるために救済事業に取り組むようなことは、むしろ当然の義務であり、できる限り社会のために助力しなければならないはずだと思う。「己立たんと欲して人を立て、己達せんと欲して人を達す」という言葉のように、自分を愛する考えが強ければ強いだけに、社会をもまた、同じような度合で愛さなければならないことである。世の富豪はまず、この点に着眼しなければならないだろう。

この秋にあたって、畏《おそ》れ多くも陛下は大いにお心を悩ませ、前例のない貧窮者を救い恵むための御下賜金を出された。この計り知れない尊いご趣旨に対し奉って、富豪者は申し合わせないまでも、心の中では何とかしてその尊い恩恵の万分の一だけでも報い奉らなければならないと苦慮するだろう。

これこそ私が三十年来一日も忘れることができなかった願いであり、いわば願望が今ようやく達成されたというものである。しかしながら、非常に長く心がけてきたことだけに、ありがたき尊いご趣旨を承るにつけても、前途が非常に明るくなった感じがして、心中の愉快さはほとんど例えようがない。

けれども、ここに懸念すべきことは、その救済の方法をどうするかについてである。それが適切に行なわれればよいが、乞食が突然大名になったというような方法では慈善が慈善ではなくなり、救いや恵みもそうではなくなる。それからもう一つ注意したいのは、陛下のお心に添い奉るために富豪が資金を慈善事業に投ずるにしても、出来心の慈善や見栄から出た事前は決してよくないということである。そういう慈善救済事業は得てして誠意を欠くもので、その結果はかえって悪人を作るようなことになりがちである。

とにかく陛下の大きなお心が賜われるところを思い、この際、富豪諸氏は社会に対する自分の義務をまっとうしてもらいたい。これはじつに畏れ多く尊いご趣旨に添い奉るだけでなく、社会の秩序、国家の安寧を保つうえでも、どれほど貢献することが多いことだろうか。(明治四十四年二月下旬の談)

地方繁栄策

都会の発達と地方の衰微

都会における人口増加は大いに喜ぶべき現象で、じつに都会が繁栄する理由であると説く者がいる。けれども私はこのような説だけを全面的に肯定することはできない。都会の繁栄は一面、すぐに地方が衰微する問題ではないだろうか。都会そのものとして見れば、いかにもその繁栄は喜ぶべき現象に違いないが、これを国家のうえから見れば、都会だけがいたずらに増大するのに反して、地方が衰微するようなことであっては、むしろ憂うべきことで、志のある者はいい加減にしておけない問題だろうと思う。だから今、私は地方繁栄策について一言、わずかな志を述べて世の識者に警告を与えたい。

都会について大体のところを観察すれば、現在、日本の各都市のようにしだいに人口が増加しつつある事実は、明らかに都市の繁栄を証明するものであるから、都会自体にとっては大いに喜ぶべき現象であることに変わりない。しかし、それと同時に、その裏側である地方の衰微に留意して見る必要がある。

年ごとに都会で増加しつつある人口は、また年ごとに地方で減少しつつある人口ではないだろうか。事実、地方の人口が減って都会にそれだけ増すというようなことであるとすれば、各地方において減っただけの人口と比例して、その地方における生産力も減っているだろうと想像される。

しかし、これは極端な悲観で、都会の繁栄を楽観しつつある人々の持論のように、都会に増加した人口が地方におけるよりも生産力を増しつつあるものとすれば、国家の大局から観て必ずしも悲観しなくてもよいようである。どうしてかと言うと、統計的に国家全体の上からはいく分か生産力を増しているわけだから、地方が若干衰微する事実はあるとしても、結局、差し引き勘定して問題はないことになるからである。

けれども都会は都会として繁栄したうえに、地方も地方として相応な繁栄をするのが文明国の理想である。だから私は、ある意味において都会繁栄楽観論者にまったく反対はしないが、また大いに地方衰微に悲観する者であるから、都会が発達するにつれて、どうにかして地方も同様に繁栄する策を講じたいと心がけるのである。

人口の増減と衰微の関係

しかしながら、ここで一つ疑問とすべきことは、都会の人口が増加したからといって、この事実によってすぐに都会が繁栄し、国家の富が増加したと言うことはできない。なぜならば、地方人がその故郷を出て東京、大阪、名古屋というような都会に移住したとしても、それらの人々の中には適当な職業を得ることができず、職につかずに遊んで暮らす者がないとも限らないからである。

ひどい者に至っては飢えに迫られて心にもない悪事を働いたり、落ち着く先のない病人となって養育院の世話になるようなことであるとすれば、都会に人口は増加しても、平均すれば生産力は減ることになるから、単に人口の増加によって繁栄の状態を判断することはできないのである。

もし、これらの事実について十分に調査研究をしたならば、あるいは予想外によい結果が出るかもしれない。たとえば各地方に居残る人々によって補填され、ある程度までその地方の人が余分に働いて埋め合わせをしているかもしれないし、また都会に出た人々の大部分はいずれも適当な職業を得て、田舎にいた時よりもさらに国家のために生産的に働いているかもしれない。このような事実があるとすれば、地方人口の減少は決して憂慮するまでもないことだが、これはよほど精細に調査したあとでなければ何とも言えない。とにかく表面から見た地方はどうも衰微して、都会が繁栄していくように思われる。だから私はこの際、何とか地方の繁栄策を考えることが必要だろうと信じているのである。

地方救済策

そうであれば、地方繁栄策としてこの際、どのような手段を取るべきか。だいたい社会が進歩するにつれて地方の人々が都会に集中し、都会中心主義になることは世界各国いくらでも例のあることで、いわば自然の成り行きであるかもしれないが、本当の意味で国家の富貴は、地方事業の発達と都会の繁栄の双方が相伴うことにあるので、単に都会ばかりが繁栄して生産力が増大すればよいという議論は当を得たものとは受け取れない。

だから、この救済策としては、都会における集中的で大規模な事業の発達を図ることはもちろん、同時に地方に適当な小規模な事業の発達を図り、都会と地方が互いに呼応して富の増加に力を注ぐことが最も急務であろうと思う。地方に大規模の事業ができるならば、必ずしも小規模にする必要はないが、地方は地方として別に特色があるので、都会が及ばない特色の発揮に努めたほうが得策だろう。

たとえば水力発電事業のようなことは、どこでも必ずできるとは限らないが、現に広島県においてはわずか二十万円か三十万円の小規模で経営しており、それで相当の利益を見込んでいける。こういった地方の事業は全国至るところに多くあるに違いない。私はいまだにそれらの地方事業について細かく調査したわけではないから、どこでは何を、と一つひとつ指摘することはできないが、それは各地の人々が十分に思いを入れて調査研究し、適当な事業を発見するのがよいだろう。

地方人に開放主義を希望する

さて、地方に適当な事業が見つかったとしても、資金が潤沢でないために、何事も思うようには手を付けられないという困難をすぐに感じることになる。地方としてはこの点は無理もないことで、とても都会と同様の金融があるはずもないが、事業そのものにさえ見込みがついていて有利であるならば、資金はおのずとそこに寄ってくるものである。だから、都会に比べて多少は困難ではあろうが、必ずしも絶望すべきことではない。

要するに、それも地方人の心がけ一つにあると思う。それはどういうことかというと、都会人と地方人との関係について、地方人がまるで外国人と日本人との間で共同の事業経営を行なうのと同様に見ていることがよくない。

これまで地方に事業を企てた経験によれば、地方の人々は資本を投じて事業経営を企ててくれるのはありがたいが、とかく都会の資本家を危険視したり、我が意を主張しようとしたりして、地方の利益を都会に吸収されては困るとか、こういう条件を付けてくれなくては共同で行なうことができないなどと言うことが多い。何でも地方の人々自身だけに有利にというよりも、むしろ勝手な条件を付けて、都会の資本家に対しては安心して資本を出すことができない、というようなことを主張する傾向がある。

もし都会の人から進んで地方人に投資しようとすれば、ちょうど外国人が進んで資本を投じようという場合に、あるはずもない一種の疑念を日本人が抱きながら迎え入れるように、いかにも毅然として融和しにくい様子がある。都会人が投資しようというのを、地方の人はまるでその地の権利や利益を侵害されるような場合の気構えで見るから、たとえ有利な事業があるとしても、そのために資本が伴わないので、利益を見ながらもいたずらに資本の欠乏にかこつけなければならないのである。

これはじつに地方人の一つの大きな欠点であるばかりでなく、地方にとっては不利益もはなはだしいのである。だから、仮にも地方繁栄策を真面目に考えるのであれば、今後はこのような点に反省して、大いに文明的な開放主義によって中央の資本家と手を結ぶことが、さしあたり最も必要なことだろうと思われる。地方の人は、よくこの点に留意してもらいたい。

地方は国家の富の源である

今にしてみれば、各地方に適当な事業が起こらなかったならば、地方において役に立つ人物はますます都会に集中してしまい、都会が膨張するのに反比例して地方は衰微して、ついには国家の元気を損なうようなことになりはしないかと心配である。

もし地方に適切な事業が起こり、その土地がますます繁栄するようになり、都会はまた都会として集中的に大事業が起こっていよいよ繁栄を重ねるようになるならば、国家の前途は誠に楽観すべきものだろう。ところが、これらすべてが反対に進んで、地方がしだいに蝉の抜け殻同様になるにもかかわらず、都会だけが人口増加するのであれば、たぶんその繁栄は本当に意味のある富の増加ではなく、まるで無駄花が咲き競いつつあるのと同じことではないだろうか。

私はアメリカの実業家ジェームス・ヒル氏の演説筆記を読んで、痛切にこの感を深くしたのである。国家にとって地方は、真に元気の根源、富裕の源泉である。だから資本の供給を潤沢にし、地方の富源を開拓しようと企てるならば、都会の事業と比べて必ず遜色のないものであろうと信じる。とにかく憂国の士は深くこの事実を探求し、必ずその方法を講じなければならない。

であれば、富源を開拓する方法はどのようにすべきか。これは前にも述べたとおり、地方によっておのおの趣を異にしているから、私がここに一々説明すべきことではない。地方ごとに実地にこの調査研究を行ない、各地に適応するだけの方法を考えればよい。私はただ毎日、地方が衰微するようなことがありはしないかと深く慮《おもんぱか》り、ここで概括して地方繁栄策に対する意見を述べたにすぎない。

衣食住

建国の基礎は衣食住

人間生活において衣食住は必要不可欠な重要問題で、ある意味では、人はほとんどこの三つのために仕事をしているようにも思える。しかし、それほど必要ではあるが、人がただそのためだけに務めているのなら、むしろ鳥や獣と変わらないものになるから、非常に取るに足りない問題でもある。

私の主義としては、自分本位の主観論ではこの世に処していけないと平素から決めている。もし処していけるとしても、そういう気風の国民で構成されている国家なら、すぐに衰退する時代がくるだろう。欧州において個人主義や平等主義を唱えた学者は、そもそもどんな思慮のもとにそのような言動に出たのだろうか。おそらく単なる主観論だけではなく、その時代を支配していた階級制度の名残りに対する反抗の言動ではなかったろうか。「分言すれば人となり、総称すれば国となる」という言葉のように、国家も個人の集合からなるもので、土地があってさらに制度、法律、社交などのことがあって初めて国家社会が形づくられるものである。であれば、土地があっても人間がなくては国とはならないのと同様、ジウ※①のように人間がいても土地がなくてはやはり国家とは言えない。だから国家を深く思う男子は自分のことだけを考えてはいられない。

人々が互いに利己主義を離れて客観的に人生を見ることによって初めて健全な国家も樹立されることになる。人として衣食住のためにのみ忙殺されるようなことでは結局、その人自身のためにはなるだろうが、国家の人とはならないということを考えなくてはならない。

【註】※① ジウ◆ユダヤ人

衣食住足りて世の中を知る

古来「人は食うために働くものか、働くために食うものか」という命題があるが、人である以上、食べるために働くという者がいるだろうか。働くために食べる[※②]ということで、初めて人は鳥や獣と異なる真価が認められるのである。

人が働くために食べるというのなら、この精神を十分に養って、人としての本分を完全に尽くそうとするには、衣食住の充足が必要になる。すなわち体力を養うためには食物を必要とし、暑さ寒さをしのいで装いを正すには衣服が必要である。住むところと言っても、単に雨露をしのぐためだけではなく相応の家屋に住むのは、その人物の体面を保つ補助となるものだから、人生において衣食住の三つはその基礎となるものである。

そして、趣味のようなもの、清潔さのようなもの、品格のようなものは、この基礎が築かれたあとの問題である。だから、これらを満足させるためには日常、勤勉に働かなければならない。すでに衣食住の三つを充実させるだけの働きをしておけば、それがやがて大いに働くときの備えとなるのだから、いまだに衣食住に満足していない人は是非、この基礎である三つを充実させるだけのことをしなければならない。

まして衣食住が満ち足りた人が世の中で立派な人物であるということにおいて、誰でもこの点で努力せずにはいられないではないか。これが客観的に見て世の中を生きていく者に不可欠な備えであるとすれば、衣食住は決して卑しむべき問題ではない。

【註】※② 働くために食べる◆あくまで渋沢栄一個人の見解であり、時代背景による影響もあると思われる。

程度において分限を守る

さて、衣食住に対する出費は、どのくらいにすれば中庸を得たものになるか、つまりバランスがよいかと言うと、その程度は考え方次第で際限がなくなるので一様に述べることはできない。しかし標準はその人の力相応に考えればよい。すなわち、その人の収入が多ければ、少し華やかに見えても決して贅沢とは言えない。それと反対に、大いに節約しているように見えても、その支出と収入が相補われていないようであれば、その人の衣食住は分不相応であると言わなければならない。

すべてこれらは、その人の働きに差があるのと同様、衣食住にも格段の差があるのはしかたがないことで、誰に対してもいちいちこの辺が適当だと指示することはできないのである。しかし、必ずしも分量がないと言うのではない。つまり、その人の身のほどに応じたはずのものだから、自分の財力から割り出してその程度を決めるのがよいだろう。だから、精力的に働いて収入の多い人はたくさんの費用を支出できるように、そうでない人、つまり収入があまり見込めない人は控えめな費用で満足しなければならない。

貧富の差がそのまま衣食住に現われてくるのはしかたない。たとえば、握り飯を食べている人にとっては一汁三菜も贅沢だろうが、八珍すなわち贅沢な食事をしている人にとっては一汁五菜も粗食である。こういう具合に人それぞれの地位や身分によって、その程度に違いがあるので、今すぐに適当な度合を指すことは難しい。

ここで一つ注意しておきたいのは、衣食住は節約することが尊いとは一概に言えないということである。分を超えて贅沢をしろとは言えないが、いたずらに節約することばかりを勧めていれば、その結果はどうなるだろうか。倹約という言葉は、費用が小額であることを意味している。もし費用が小額で足りるとすれば、その人の収入も小額で足りることになるのではないか。このようなことを突き詰めて考えると、人はみな貧困に甘んじるようになり、ついには国家もまた貧困になっていく恐れもある。

孔子が「疎食《そし》を飯《く》ひ、水を飲み、肱を曲げて之を枕にするも、楽亦其の中に在り」と言ったのも、要は不正なことをして富むよりも、むしろ貧賤に甘んじるほうがよいという意味であり、仁義を行なって富んだ者に対してそうしろということではない。だから分相応の程度を考慮し、その人の力相応に衣食住を考えることは決して悪いことではないばかりか、むしろそれが当然だろうと私は信じている。

あえて富豪の衣食住を促す

であれば、そこに一つ問題が生じる。もし富豪が象牙の箸や金のお椀を使い、宝石を炊いて、桂つまりありえないような銘木を薪にするような贅沢をしても、貧しい者がわずかな食事もできないことを見過ごしてもよいのかという問題である。ただし、これは極端な議論であって、常識的な判断ではないが、私は富んでいる者はできるだけ自分の力相応の程度よりも節約することを心がけ、力のない者は自分の力相応の生活に満足しなければならないと思う。

富豪が余財があることに任せて、それを自分のことだけに使うというのは、国家に尽くすための方法ではない。だいたい知識があり財力がある者は、社会の幸福を他の者よりも余分に受けている。すなわち国家社会の寵児《ちょうじ》であるとすれば、その報酬として、それだけ余分に国家社会に尽くさなければならないはずである。このようにして、各自がそれぞれ得た財産の一部を社会に還元すればよい。余力のある者が足りないところを補うのは自然の法則であり、むしろ当然の処置と言ってもよいだろう。

このようにして富む者が貧しい者を救うことは、大きく見れば国家社会の助けとなり、小さく見れば富む者としての本分を尽くすことにもなる。そのような行ないは、一つは富む者本人の節約による以外に方法がないのだから、世の中の富豪は自身を省みてそのようにしてくれることを望む。このようにして各人が同様に客観的に人生を解釈し、自分が社会のために尽くさなければならない義務を負うように考えれば、ある程度までは自分の富を削っても、他の方面に生かすことができるのである。

貧乏暇なしの説

余裕のない暮らし

ある日、来客があり、私にこう質問した。

「俗に『貧乏ひまなし』という諺《ことわざ》があるが、いったいこれはどんなことを意味しているのだろうか。貧乏人にひまがないというけれども、こんにちの世の中はかえって裕福な人のほうが非常に忙しい。それとも、貧しい老人の心に余裕がないことをこのように形容したのだろうか。常に心に余裕を持っていないような人物なら、結局、裕福にもならないから、この解釈なら当たっているようだが、あなたの見解をお聞きしたい」と。

非常に奇妙な質問だが、「貧乏ひまなし」という言葉は町中で使われている。そこで、私が思うところを次のように説明した。

「貧乏ひまなし」という意味を平たく解釈すれば、貧乏人はいつでも忙しいということだろう。この言葉についてまず起こる疑問は、貧乏人は裕福になりたいという希望から絶え間なく勉強するから、それでひまがないと言うのだろうか、ということである。であれば、彼らはどうして、いつでも貧乏をしているのかということである。

俗に「稼ぐに追いつく貧乏なし」という諺もあり、稼ぎ続けてひまもないほど働いていれば、おそらくこれに追いつく貧乏はないはずである。してみると、貧乏人は稼がなくてはならないからひまがないというのは、結局矛盾していると言わなければならない。言い換えれば「稼ぐに追いつく貧乏なし」という意味は「貧乏ひまなし」の諺とはつじつまが合わない。

「稼ぐ」の字は、ひまもなく働くという意味であり、余裕なく暮らすという意味と比べれば、大いに違いがある。だから、この両者を比較考察してみれば、「稼ぐに追いつく貧乏なし」のほうは、ひまもなく働けば前途に光が見えることを暗示しているようだが、「貧乏ひまなし」のほうは、むしろ貧乏に甘んじて余裕なく暮らすという意味のようであり、当面は非常に真っ暗な状態である。

稼ぐに追いつく貧乏なし

このように私は「ひまなし」の意味を解釈し、努力し勉強に励むためにひまがない、という意味ではないと受け取っている。つまり心が落ち着く時がなく、精神を休めることもできない様子を表わして言った言葉であり、余暇とか余裕などというものがないことである。

偉人や君主であれば、どんなに貧困に陥って窮乏に迫られていても、心に一つ安心立命があるから、その心が動くことはない。「忙中《ぼうちゅう》自ら閑《かん》あり」とも言い、常に余裕があればひまもあるものである。ところが心に余裕がないほどの人には、知識も才能も足りないから、常に目前の小さなことに追い回されて、懸命に毎日を送っているためにひまがない。そのくらいの人だから、また貧乏もするという意味だろう。

さて、「稼ぐに追いつく貧乏なし」のほうは、わずかな時間も惜しんで勉強し、奮闘、苦心、努力することによって貧乏を追い払うことができるという意味である。すべて自分の本分である事業や従事する職務に対して、そのことが何であるかを問わず、その心で励めば貧乏にはならないという意味で、「稼ぐに追いつく貧乏なし」と言ったのだろう。

もし、この私の解釈に誤りがなければ、この諺には真理があるだろう。要するに「貧乏ひまなし」は、文字の表現から言えば「綽々《しゃくしゃく》として余裕あり」の正反対であり、「稼ぐに追いつく貧乏なし」とはまったく反対の意味を持っているのである。だから貧困者は「貧乏ひまなし」を理想とせずに、「稼ぐに追いつく貧乏なし」の意気込みで日常の仕事に当たることを心がけるとよい。

孔子の言葉とルーズベルト

富を得るというのは、一日にしてそうなるのではない。では、富を得るまでの心がけはどうすればよいのか。論語において、孔子に弟子の子貢が「貧にして諂《うたがい》なく、富みて驕《おご》る無きは如何」と質問し、孔子は「可なり。未だ貧にして楽しみ、富みて礼を好む者に若かざる也」と答えられている。これは貧しい者、富む者の心得として金科玉条だろう。富む者が驕らずに礼を好む、すなわち人としての道を進んで行なうのは、「衣食足りて礼節を知る」という教えであり、富む者が当然行なわなければならない道だが、貧しい者に至っては、その間に多くの事情があって、富む者のようにすることは難しい。しかし、目前の誘惑を退け、その分に安んじてそれを守り、いたずらに富貴を恨み、呪い、憎悪するようなことをせず、といって富貴を疑いその節度を乱すようなこともなく、ひたすらその分を楽しんで将来のために奮闘するのが、貧しい者として尽くすべき道理だろう。

かつてアメリカのルーズベルト氏がフランスで演説中、私が考える理想と一致する、次のようなことを述べたことがある。

「富と権勢にものを言わせて多数を圧倒するのは、最も憎むべきことである。だから、この二者に対しては、富む者と貧しい者との区別なく、ともにその罪悪を未然に防ぐようにしなければならない」

本当に本質を言い表した言葉ではないだろうか。ルーズベルト氏のこの言葉を聞いて、論語の教えに思い至ると、論語の教えはルーズベルト氏が言うほどの状況ではないけれども、究極の理は一致するだろう。だから私は密かに、聖者の言葉と西洋の偉人の言葉に共通する考え方を見出し、偶然とは思えないことを知りえたのである。

私が希望するのは、天下の貧しい者すべてが「ひまなし」の状況から脱することである。「ひまなし」の境遇に満足するならば、国家の幸福と個人の富とを得る時代はいつやってくるのだろうか。この心を転じて、「稼ぐに追いつく貧乏なし」の意気で努力し勉強に励めば、国家に貢献することが少なくないだけでなく、将来自分の窮状から裕福な生涯に転じることができるのである。であれば、裕福な者は人としての道を率先して行ない、貧しい者はその分を守り、天の意志と人の行ないがうまく回っていくならば、それこそ、このうえなく愉快なことであるに違いない。

したがって私は、すぐにこの「貧乏ひまなし」の説によって、その質問者に答えたのである。

第二部　人の生きざまについて

実業界から見た孔子

古人の孔子評

私はかつて孔子祭典会の席上、「実業界から見た孔夫子」という題で、私の孔子に対する私見を述べたことがあった。それは孔子に対する信念の全般を述べたものであり、だいたいの要点を次に掲げてみよう。

そもそも大きな山は大きな山、高い嶺はどこから見ても高嶺である。スイスのモンブラン山は、隣国から見ても白く、自国から見れば当然のことである。日本の富士山は武蔵野から見ても立派な山である。また原、吉原あたりから見ても、吉田口から見ても高い。あるいは三州あたりから見てもなお高いというように、どちらから見ても高いことに変わりはない。それと同じように、孔子の人格が高潔であることは、儒者から見ても、政治家から見ても、ないしは実業家から見ても変わりはないだろうと思う。

しかし私は実業界から見た孔子を評論する前に、孔子の門人である子貢あるいはその系統を継いだ孟子などが、孔子を評論したところを二、三掲げておきたい。それは孔子を研究する場合、他人の評論も多少ここに加えておかないと、私の観察と対照することができないと思うからである。

さて、子貢が孔子を評論して「夫子の及ぶ可《べ》からざるや、猶《なお》天の階して昇る可からざるごとし」というふうに非常に大きく見ている。それから、また「夫子は温良恭倹譲《けんじょう》、以て之を得たり」と言っている。曾子《そうし》※①は「一以て之を貫く」と言い、孔子の教えを解釈した言葉には「夫子の道は忠恕《ちゅうじょ》のみ」とはっきり言い切っている。

また顔淵《がんえん》※②がため息をついて嘆いた言葉に「之を仰げば彌々《いよいよ》高く、之を鑽《き》れば彌々堅《かた》し、之を瞻《み》れば前に在り、忽然《こつぜん》として後に在り」として、ほとんど推し量ることができない存在のように評している。

さらに孟子は「孔子は聖の時なる者也」と言った。この「時なる者」という表現が非常に面白いと思う。孟子は何人もの聖人賢者についてさまざまに評し、「伯夷《はくい》※③は聖の清める者也。伊尹《いいん》※④は聖の任なる者也。柳下恵《りゅうかけい》※⑤は聖の和なる者也云々」と述べたうえで、最後に「孔子は聖の時なる者也」と言ったが、この「時なる者也」は非常に誉めた言葉である。また「孔子春秋を作り亂臣賊子《らんしんぞくし》懼《おそれ》る」と述べている。

さらに子貢が孔子を評した言葉によると「生民有りてより以来、未だ孔子あらざる也」と、ほとんど孔子のような存在は大昔から無類であり、空前絶後であるとしている。唐や宋の時代で孔子や孟子の学問、知識を継いだと自称する学者の評論として、たとえば宋の周濂溪《しゅうれんけい》※⑥、河南《かなん》の両程子《りょうていし》※⑦、張横渠《ちょうおうきょ》※⑧、時代が下って朱子※⑨、などという人々が孔子を評論しているのはみな、これまでに述べたこととだいたい同様であり、たいてい誉めちぎっているように思う。また日本人が孔子を評したものも、あまりこれと変わらないようで、徳川時代の儒者などは理屈抜きで孔子を神聖な存在にしてしまっている。

【註】※① 曾子（そうし）◆曾参（そうしん　紀元前五〇五～四三五？）の敬称。中国春秋時代の思想家。

儒教黎明期の人物で孔子の弟子。

※② 顔淵（がんえん）◆顔回（がんかい　紀元前五一四〜四八三）。中国春秋時代の学者。孔子の弟子の中でも最も優れた孔門十哲の筆頭で、孔子が将来を期待したが夭逝した。

※③ 伯夷（はくい）◆中国殷時代末・周初の伝説的聖人。

※④ 伊尹（いいん）◆中国夏時代末期から殷時代初期に活躍したの伝説上の名相。湯王を助けて夏の桀王を倒し、殷王朝の創建に尽くしたと言われる。

※⑤ 柳下恵（りゅうかけい）◆中国春秋時代の貴族（紀元前七二〇〜六二一）。

※⑥ 周濂渓（しゅうれんけい）◆周敦頤（しゅうとんい　一〇一七〜一〇七三）。北宋の儒学者。濂渓は号。朱熹が宋学の祖と称した。

※⑦ 兩程子（りょうていし）◆朱子が体系化し完成させた宋学の思想家。

※⑧ 張横渠（ちょうおうきょ）◆朱子が体系化し完成させた宋学の思想家。

※⑨ 朱子（しゅし）◆朱熹（しゅき　一一三〇〜一二〇〇）。中国の宋時代の儒学者、政治家。時代の流れとともにさまざまな学説が唱えられ、矛盾が生じていた儒学を整理、体系化して朱子学を完成させた儒教中興の祖。

異彩ある桜痴居士の評

ところが、ここで一つ我が意を得たものは、かの福地桜痴《ふくちおうち》居士※⑩の孔子評である。これは明治三十一年頃に刊行された孔夫子と題した小冊子に詳細に掲載してあるので、今ここで私が詳しく述べる必要はないだろうが、この人の孔子評は唐の人よりは少し新奇な点がある。

順序として大筋だけ紹介すれば、桜痴居士はまず孔子と釈迦とを並べて論じた。その調査はビルマの本に拠《よ》ったものだが、釈迦《しゃか》と孔子の出生年代はちょうど十三年違うと書いている。孔子は周の末、春秋の時代である。釈迦はインドの平穏で大した変事もない時代に生まれた。孔子は悪く言えば貧しい書生から次第に身分を上げた人だが、釈迦は一国の皇子である。俗人であった悉達太子《しっだるだ》の時代に浄飯王《じょうぼんのう》※⑪の皇子で、相当な家柄に生まれ育った人である。

このように互いに境遇が違う。しかし、最高の境地に至ったとき、釈迦が仏教を説いたのと同様に、孔子は「一以て之を貫く」と言い、顔淵の問いに「克己復礼《こっきふくれい》」などと説き、ほとんど大乗仏教※⑫の教えと一致することを述べているから、つまり二人の聖人は同様の方法を取っていると言ってよいだろうと論じている。

そして、また孔子は諸国を遍歴し、六十八歳の時、ついに魯《ろ》国※⑬に帰ったが、魯の哀公《あいこう》※⑭が孔子を登用することができなかった場面で、いよいよ悟りきって布教し道を説いて人生を完全に終えようと考えたと言っている。

では、それ以前はどうだったかというと、やはり理想の政治家として世の中を遊説《ゆうぜい》していた。その証拠に、このようなことがあったと言ってさまざまなことについて例証を挙げて評論しているが、自分にはその評論の一つひとつが適当であるとは思えない。しかし、理想的な政治家として一生を経過し、六十八歳まで諸国を巡った遊説もすべて失敗に終わったことから、初めて悟りきって教育家へと転身すべく最終的な判断を下したと、桜痴居士は言うのである。

その評論には多少同意できないところもあるが、とにかく私が見た孔子論の中では出色であることに違いはない。

【註】※⑩　福地桜痴（ふくちおうち）◆福地源一郎（ふくちげんいちろう一八四一～一九〇六）。桜痴は号。維新前は幕臣使節として、また維新後は新政府の使節団として各国を視察。新聞を発刊するなどジャーナリストとして活躍し、政治的活動も精力的に行なった。

※⑪　浄飯王（じょうぼんのう）◆釈迦族の王で釈迦の父。

※⑫　大乗仏教◆釈迦の死後、仏教の広がりとともに多くの部派が出たが、おもに一部の人々の救済を旨とする伝統的な学派（上座部仏教）に対して、広く大衆一般の救済を目的として立てられた仏教の教えとして大乗仏教と称した。紀元前後から各国に伝播した。

※⑬　魯国◆魯（ろ）。中国周時代の諸侯が治めた国の一つ。

※⑭　哀公（あいこう）◆魯の第二十五代君主（?～四六七）。魯は齊と何度も戦火を交えており、晩年の孔子は魯の権力者・簡公の討伐を哀公に何度も進言したが、受け入れられなかった。

孔子の人格

中国の賢者の教えはだいたい学問を進めていく段階が大刻みである。そして、どちらかと言うと、己を修めるよりも人を治めることを主とする傾向が強い。これは中国の悪い習慣だと私は言いたい。しかし、孔子の教えには比較的それが少ない。

論語の中にも孔子が「政《まつりごと》」に関する問いに対して答えた言葉が二十箇所ほどもあるだろうが、その答えはみな平凡であり、たとえば斉《せい》の景公《けいこう》※⑮が政治について質問した時、「君君たれば臣臣たり、父父たれば子子たり」というような平凡な返答をしている。他の人のように変わった論法で主君を驚かせたり、気分を変えさせようというようなことは非常に少ない。

井上哲次郎博士※⑯は「孔子は尋常人《じんじょうじん》の大《おおい》に発達したものである。智と情と意の三方面が均一に発達した人、又常識に富んだ人である」と評されたが、これは非常によく孔子を観察された言葉で、私もこの説にまったく同感である。

何しろ孔子は国を治めることに関する説については、あまり中心的には論じていない。なるほど福地氏の評論どおり、小正卯《しょうせいぼう》※⑰を葬り、司法の長官である大司寇《だいしこう》となったあと国政を与り聴《き》いたこともあるので、本来の願いはただ自分の身を修めるだけでなく、国家を治めるという見識を持っていたに違いない。

また、ある場合には、なかなか勇気を持っていることもわかる。たとえば論語で「天徳を予に生ず、桓魋《かんたい》其れ予を如何」と言われ、また「天の未だ其の文を喪はざるや、匡人其れ予を如何」と言われたことは、その抱負が雄大であることを示しており、決してただ謙《けん》譲《じょう》で恭《うや》しいだけの人ではなかったに違いない。それとともに、いかにも忠孝に厚いということが論語のいろいろな箇所で見透かすことができると思われる。

【註】※⑮ 景公（けいこう）◆中国春秋時代の齊の第二十六代君主。
※⑯ 井上哲次郎博士◆哲学者（一八五六〜一九四四）。数多くの欧米哲学を紹介した。
※⑰ 小正卯◆「史記」に「…於是誅魯大夫乱政者少正卯…」との記述がある。

孔子の富貴功名観

孔子は富貴や功名についても適切な見解を持っていたように思う。たとえば「富と貴とは是れ人の欲する所也、其の道を以てせずして之を得れば処《よ》らざる也」とあり、富と貴さは人が誰でも同様に願うことであると言っているので、孔子自身も同じように人であったから、決して自分以外の人だけがそうであるという意味ではない。

普通に人が欲しいと願うものは、孔子自身も欲しいと思ったことであったに違いない。けれども「其の道を以てせずして之を得れば処らざる也」で、それよりも道を尊ぶべきであることを教えられた。また子貢が「貧にして諂《へつら》ひ無く、富みて驕《おご》る無きは如何」と問うたのに対して「未だ貧にして楽み、富みて礼を好む者に若かざる也」と教えられた。これらは功名や富貴に関してじつに適切な解釈をしているように思える。

また大学※⑱の中で財政のことを論じて、「財を生ずるに大道有り。之を生ずる者衆くして、之を食ふもの寡《すくな》く、之を為す者疾くして、之を用ふる者舒なれば則ち財恒に足る」と言われたのは、誠に道理にかなったことである。

現在、我が国の財政は金を使うことが多く、金を生むことは少ないので、それによって世間でさまざまな物議も生じるのである。孔子はすでに二千五百年前に「財を生ずるに大道あり」と言った。大道さえ歩んでいけばよい、邪道を行くから悪いというのである。してみれば、孔子は経済の道においても十分な知識を持っていた人だと思われる。

【註】※⑱　大学◆「中庸」「論語」「孟子」と並ぶ四書のうちの一つ。

誤解されている孔子、孟子の教え

ところが後世、中国の学者が贔屓《ひいき》の引き倒しをして孔子は財政富貴などのことは仮にも口にすべきものではないとしていたかのようにして、漢学を学ぶ者が金勘定《かんじょう》でもすると恥のように思い、経書を読む者は損得のことを言ってはならないと言うまでになった。この思想がいつとはなしに我が国にも伝来して、いわゆる儒学は統治者側の人間が学ぶべきものので、統治される者にとっては何の用もないものであるかのように誤って受け取られるようになった。

徳川時代の初期から藤原惺窩《ふじわらせいか》※⑲、林羅山《はやしらざん》※⑭などのような有名な儒学者が出て、その後も立派な学者が輩出したから、旧幕府三百年の間に漢学は非常に発達した。とはいえ、その中でも林家のような系統はただ朱子学《しゅしがく》※⑮ばかりを専攻しており。その学問は武士の身分以上のものとして、商工業者に対しては非常に縁遠いものになっていた。とりわけ国学が成立する以前の注釈を重視する荻生徂徠《おぎゅうそらい》※⑯などの説は「道とは士大夫以上のものの修むべきもので、農工商の関係すべきものではない」ということが何かの書物に書かれていたのを覚えている。

それほど学問と実業とはかけ離れた存在になってしまった。だから、たまたま実業家が政治家、学者などと親しむのは、それは本当に儒学を学びたいという思いからではなく、物好きであるか世間の評判や名声を意識してのことだった。だから、質素で飾り気のない家風の人は、その子弟が学者と交際することを厳しく禁じたものである。実際、幕府時代の越後屋、大丸などの大商店では、決してその店の子供に中国の書物を読ませなかった。

このような有様で、次第に孔子と実業家との縁が遠くなったのである。重野博士の説によると、二千五百年以前に孔子は日本にやって来ようと試みたというほどだから、日本でも、ある古代の人々は孔子を尊び信仰したかもしれない。ところが後世に移り、我々の社会の人々は、孔子の教えはまったくご免こうむりたいという有様になってしまったのは、孔子自身が悪いのでもなければ、我々実業家が悪いわけでもない。まったくその中間に妨害する者がいたためである。

そういうわけだから、自然とこんにちの実業社会に孔子の道徳が薄らいだのだが、祖先伝来の孔子の道徳を奨励することが大変少なかったので、今すぐに隆盛させることは非常に困難である。こんにち孔子の道徳を説く人は、深くこの点を考えて取り組まなければならない。

【註】※⑲　藤原惺窩（ふじわらせいか）◆戦国時代末期から江戸時代初期に活躍した儒学者（一五六一～一六一九）。朱子学を修め日本の近世儒学の祖と言われる。弟子に林羅山がいる。

※⑭　林羅山（はやしらざん）◆江戸時代初期の儒学者（一五八三～一五六七）。朱子学を学んで藤原惺窩と出会い大きく影響を受ける。この縁で若くして徳川家康に引き立てられ、制度面の拡充などで幕府を支えた。

※⑮　朱子学◆孔子以後、各派の説によって矛盾が生じていた儒教を、南宋の朱熹が再構築した学問体系。

【註】※⑯　荻生徂徠（おぎゅうそらい）◆江戸時代中期の儒学者・思想家（一六六六～一七二八）。朱子学に基づく中国古典の解釈を否定し、独自の読解法を確立した。晩年は八代将軍徳川吉宗の諮問役を務めている。

私の晩年の抱負

私は普段、論語を好んで読むけれども、いまだにその教えがよく実行できているというわけにはいかない。しかしながら、前に述べたとおり、「富と貴とは是れ人の欲する所也。其の道を以てせずして之を得ざれば処らざる也」ということだけは、是非とも努めてみようと思っている。自分の行ないと論語の教えに食い違いが生じないよう、残された生涯を送りたいと願っている。

また、実業界と縁遠くなった道徳も、ゆくゆく両者を接近させるようにしたいと希望している。これを渋沢一人の希望として終わらせることなく、天下の希望として誰にも心配していただきたい。

私がこの実業界の道徳についてばかり言うので、あるいは他の世界の道徳はどうでもよいのかと疑問をはさむ人もいるかもしれないが、私は実業家であるから、主として自分の領分のことばかりを言うことになる。しかし、決して他の世界の道徳をいい加減にするわけではない。もし私が政治家ならば、こんにちの政界の大勢に向かってこの希望を述べたいと思う。孟子の言葉の中に「孔子春秋を作り乱臣賊子《らんしんぞくし》懼る《おそれ》」とあったように、我々も孔子祭典会挙行のために、世の中の不道徳な者、破廉恥な者を恐れさせるようにしたいものである。

以上が私の演説の要旨だった。人の心を思いみることが少なく、道徳を大切にする心が薄らいだ現在、世の中の人々が繁栄し幸福になるように、再び孔子の教えを役立てたいと願うばかりである。

龍門社の訓言

龍門社は最初、私の門下生が集まって学業を講習するために創設したもので、尾高藍香《おだからんこう》先生※①が「黄河の鯉龍門《りゅうもん》の激流を越えゆるものは化して龍となる」という故事から取って「龍門社」と命名した。それは明治十八年から十九年の変わり目だったが、一方で演説討論ばかりを行ない、一方では社員の親睦《しんぼく》を図り、月ごとに小さな集会を行ない、春秋の二期に大会を催して目的を貫き通すことに努めた。また別に「龍門雑誌」を発行し、毎月実業に関する論説または記事の紹介と社員に関する報道を行なっていた。

ところがその後、実業界でその主義主張に賛同する人々から入社を希望する者が多く、社員の数は今や約八百名を数えることになった。明治四十二年二月十一日、紀元節というめでたいこの日に将来を占い、本社の組織を変更し、社則を改定し、一つの主義をもった団体として永遠に私の主義主張に基づいて努力したいということになった。

そこで、社員諸氏から改めて本社の主義綱領となるべきことを述べて欲しいと請《こ》われ、その席上で演説したのが龍門社の訓言である。演説の巧拙はとにかく、その主義は龍門社の綱領を述べただけでなく、実業界一般の規則となるもので、当を得ないものでもないので、あえて私は世間に発表することにしたのである。

そういうわけで、この章は、前項の「実業界から見た孔子」とともに私の孔子教に対する見解を明らかにしたものである。前章と重複するような点がないでもないが、同じ例を引いても別の主題の説明として紹介しているので、それらの点は細かい部分にこだわらずに読んでいただきたい。

【註】※①　尾高藍香（おだからんこう）◆尾高惇忠（おだかあつただ　一八三〇〜?）。新五郎とも称した。藍香は号。渋沢栄一とは従兄弟にあたり、栄一は少年時代、藍香のもとで論語などを学んだ。ともに青年時代、尊皇攘夷論に共鳴し血気盛んに活動した。

序詞

来会の諸君には一言謝辞を申し上げます。今晩は龍門社の社則を改革して将来大いに社運を発展させようという計画で、段々とその調査の結果も届いております。ここに評議員を選定し規則書の内容を合議の上で決定するために、将来を占う意味を込めた紀元節の式日にお集まりいただけたことは最も喜ばしいことでございます。

あらかじめ今日の催しがあることを承知しておりましたから、喜んでこの日を待っておりましたけれども、じつは今晩ここに私が申し述べようとしていること、すなわち本社の本当の姿にもなるだろうという内容は、はなはだ腹案が満足いかないもので、諸君がお考えの気持ちを満たすことができないのではないかと恐れております。

しかし、今日までの行きがかり上、是非この社の綱領として私が平素思い抱いているところは、もしその趣旨が拙《つたな》いものであっても、またその言葉遣いに冗長すぎる部分があったとしても、会の起源と考えて社の主義綱領にしたいものです。ですので、未熟ながらあえて私は辞退せず、ここに愚見を述べて本社の綱領に代えるようにしたいと思います。

「匹夫而為百世師一言而為天下法」つまり身分の低い男にして百世《ももよ》の師となり、一言にして天下の法となる、ということが蘇東坡《そとうば》※②の韓文公廟碑に書いてあったように思いますが、なかなか凡人にできることではありませんので、今私が申し述べることは渋沢の一家言ではないのです。

いにしえの聖人賢者の訓言を私の口で伝えるのですから、もし渋沢本人が貴くなくても、渋沢の口から発すると必ず貴いと思っていただいてよかろうと思います。しかし渋沢が単に論語の素読をするだけであれば、どれだけいにしえの聖人賢者の言葉を述べたとしても、このように学問を修めていて実地経験があり、世の中の実情にも通じた諸君たち大勢の人たちがさらに拡張改革していく龍門社の主義綱領とするには物足りなくなりはしないかと思います。そういうことなので、聖人賢者の言葉を述べるについて歴史がありますから、それをここに申し述べ、併せて聖人賢者の言葉を本社の綱領に代えるようにしようと考えるのであります。

【註】※② 蘇東坡（そとうば）◆蘇軾（そしょく 一〇三六〜一一〇一）。中国北宋時代の政治家。東坡は号。詩人、書家としても活躍した。

私が論語主義をとるに至った動機

諸君もご承知のとおり、私自身は六十年史に編纂いただいたようなわけでいろいろと変化しているが、最後に変化したのが銀行業者だった。この銀行業者になるについての考えを述べると、まず国家に貢献しようという考えから二十四歳から七十八歳までの間の四十五年間は、今日死のうか明日死のうかと、いわゆる生死の間を出入りしており、ある時は意気盛んで憤ったり、ある時は長鋏《ちょうきょう》を弾じて悲歌を吟ずる、つまり我が身の不遇を嘆くというような境遇だった。しかし意外にも、海外旅行中に世の中が変化して王政維新の政治が行なわれ、そこに帰ってきたわけで、数年間政府の官吏をしていたが、どうしてもそれに甘んじることができなかったから銀行業者になったのである。

国家に尽くすには自分の適性ということもあり、また官吏の道を歩むのも自分の本望ではないし、また私の身分としてもふさわしいとは思えない。どうしてかと言えば、幕府を倒そうとして※③世の中を奔走した身が一変して幕府の臣下となって、そして現在、この維新に際して身分の高い地位に就くということは、もしできても好まない。一旦幕臣となった以上、できれば他の方面で貢献したいものである。

このように考えたのは、一国の政治ばかりが発達してもいけないし、法律ばかりが進歩してもいけないし、また軍事ばかりが強くなってもいけないからである。それらに伴って国の富というものが進んでいかなければならない。とくにヨーロッパの様子を表面的にも見たところでは、他の方面よりも商工業の発達進歩に力を入れることが非常に多いようである。これに反して日本はまったくそちらを度外視している。この点だけは、自分自身が大いに力を尽くせば少しは貢献ができるだろう。

つまりフランスから帰ってきた時に、自分自身はまったく生まれ変わったようなものだから、まずこれまでを一世紀として、第二世紀の未来は商工業の世界に奉公すれば、徳川氏を滅ぼそうとか外国人を斬ろうとかいった考えとは反対で、いわゆる功罪を相償《あいつぐな》い相殺《そうさい》することになるのではないかと考えた。同時に、この商工業者の身分階級はこれまで非常に卑しいものとされ、商工業者自身の思想も非常に拙《つたな》く劣っていたが、将来に向けてどうしてもこのままではいけない、そうしておいてはいけないと考えたのである。

このように自分は考えたのだが、さてその銀行業を経営していくには、どのような標準によればよいのか。利用厚生、つまり銀行を利用してもらい人々の生活を豊かにする事業に従事するからには、どうしてもこの利用厚生が道理正しく世のためになるようにしたいものだ。

もし自分の行なう事業がわずかであっても、また自身の経営する事業の力が乏しくても、また自分が得る財力が非常に少ないとしても、道理を失わない範囲でこの事業経営ができないことはないだろう。その標準を定めるために、どんなものを拠《よ》り所《どころ》にすればよいのか。勉強不足の私には、この答えをほかに広く求めることもできないので、孔子の教えすなわち論語に従えば、必ず大きな間違いはなく事業経営ができるだろうと、このように祈念したわけである。

同時に今なおよく記憶しているが、もともと商工業を発展させて国家の富を図るという志はよいが、実際にそれで効果があったとしても、それに従事する人に利益がなければその事業は決して繁盛はしないのである。

福沢諭吉という人の説だが、大変心を尽くして興味を持って書いた書物でも、多数の人がたくさん読む書物でなければ、実際には世の中の役には立たないものであるという。それほど力を注いでいない書物でも、社会の人がたくさん読むものは、それだけ効果も多いと言っておられる。

すごく卑近な説で、さほど感心できないようにも思えるが、ある点から見れば大いに道理がある。実業もまたそのとおりで、これを世の中に広めようというのに利益なしで広めることは到底できないから、どうしてもこの商工業に従事することについても、商工業者が相当な利益を得て発達するという方法を考えなければならない。

その方法をどうすればよいのか。一人の知恵で考えて、大いに富むというのだろうか。自分自身にその知恵があれば富むかもしれないが、極端に言うと、一人だけ富んでも、それで国が富むことにはならない。国家が強くなることもない。

とくに今、全体的に商工業者の地位が低く力が弱いという状況を救いたいと覚悟するなら、どうしても商工業に従事する人々が全般的に富むということを考える以外にない。全般に富むという考えは、合本法[※④]つまり資本を合わせることによる以外に方法はない。だから、この会社法を中心に推し進める以外にないという考えを強く持ったのである。

そうであれば大蔵省にいた時代に立会略則、会社弁などという書物を作ったのも、以上の考えからそうしたのである。その時、今日ここまでの状況ができあがるという理想は持たなかったが、そのうちに会社法によって日本を富まそう、商工業者の地位向上を進めようと思ったことは少しも忘れてはいない。そして会社を組織していくために、どのような手段があるかということは、最も強く考えたことである。

自分たちには法律のことはよくわからず、政体のことなどについては非常に疎《うと》い。しかしながら、たとえば立憲とか独裁とか、あるいは共和とか、だいたいの政体の区別は心得ており、ちょうどこの会社は一つの共和政体のようなものである。選ばれて事に当たるのは、大統領もしくは国務大臣が政治を執るようなものである。

そうであれば、やはりその職にいる間は、その会社は自分のものである。しかし、その職を離れる時には、それこそ破れた履物《はきもの》を捨てるような覚悟を持っていなければならないのである。

だから、この会社の長として立つ者は、その会社を本当に自分のものであると思わなければならない。また、ある場合にはまったく他人のものだと思わなければならない。その均衡《きんこう》を誤ると会社を安穏《あんのん》に維持することはできない。あくまでも、その会社の勢力によって我が身の利益を得、会社のおかげで自分の幸福を得るというようなことがあったならば、これはすなわち会社を自分の家にすることになる。国家を家にするのと同じである。国家を家にするということは、すでに憲法の精神からは大きな間違いである。

会社をというものを安穏に健全に盛んにするには、今述べた考え方が非常に必要であると私は深く覚悟したのである。このように言うと、少し自惚《うぬぼ》れのような言い方になって、あるいは明日どんなことがあるかもしれないが、自分はその心を一日も忘れずに第一銀行に奉職《ほうしょく》したつもりである。

三十五、六年の間いまだに株主から苦情を受けたことは一度もないように思うし、また自分が他人から職務を動かされようとしたことも、自分から動こうとしたこともないのは幸運なことである。しかし明治三十四年頃に大蔵省にいて会社を起こさなければならないと思いついたと同時に、この会社を経営するにはこのような覚悟でなければならないという思いが終始脳裏《のうり》にあったためであると言ってよかろうと思うのである。

【註】※③　幕府を倒そうとして◆渋沢栄一は青年時代、尊王攘夷論に傾倒した。
※④　合本法◆明治時代以前から西洋で行なわれていた共力合本法。現在の株式会社制度であり、維新直後（明治二年）にヨーロッパから帰国した渋沢は、商工業を盛んにするために、この共力合本法を取り入れるよう積極的に働きかけた。

朱子学から生じうる思い違い

いま言った商工業を盛んにして国の富を豊かにしていき、その間に立って商工業者の地位をも向上させたいと考えたことは、論語によっていたというのではない。これはただ私の境遇として、そういう方針によって経営したほうがよかろうと考え定めたのだが、その事業を行なうにあたり標準は論語によるのがよかろうと思ったのである。それ以後、経営は仮にも道理というものによらなければ事を行なうべきではないと自分は深く覚悟したが、あるいはその間に自分が思ったことで誤ったことがあるかもしれない。これは自分に知恵が足りないからである。

しかし、自分が間違っていて道理から外れることはあるかもしれないが、自分の利益になるからこちらのほうに考えが傾いたということは、いまだかつて私は一度もしていないということをためらいなく証言したい。そのために、その事業がいつも恐れ慎むようにして進まず、派手なことは少しもないが、幸いなことに長いこと不注意による失敗などはなく、挫折しないでこられたのは、精を出して一つのことに取り組んできたためであると少し自負している。

もう一つ、ここでお話ししておきたいのだが、孔子の教えが伝わって以来、長い間にますます誤解が多くなり、利用厚生の事柄と仁義道徳とを一緒にしてはいけないようにされてしまったと思うのである。宋朝の学者の中でも生粋の朱熹《しゅき》が、閩洛《びんらく》の学問すなわち周茂叔、邵康節、張横渠、程明道、程伊川などという人々が段々と修めてきた学問を集大成して、論語の朱註※⑤というものが盛んに行なわれ、経訳というもののほとんどはこの派に留まるというような勢いとなった。私も広く書物を読んだわけではないが、その頃、中国では宋学※⑥の研究が盛んだったので、一時、学者の世界を風靡《ふうび》していたようである。

ところが徳川幕府が政治を主導する場面において、それまであまりに長く戦争が続いたために、多くの人々はほとんど学問を知らず文字も書けないようになっていた。徳川家康という人はこの弊害を救おうと考えたのだろう。段々と学者を集めて学問を世の中に広めるようにしたい。その学問はさしあたり漢学で、しかも朱子学だった。のちに享保の時代頃にいろいろな人が輩出してその説に異論を唱え、さまざまな学風が乱れたが、松平定信という人が朱子学は最も弊害が少ないと言って他の学派を禁じるまでに至ったのである。
それ以前、元亀《げんき》、天正時代頃から慶長、元和《げんわ》時代にわたって藤原惺窩《せいか》や林羅山《らざん》のような学者によって盛んに朱子学が行なわれた頃から、学問はただ一種類の道理を説くものということになって、学問と実際の行ないを同じにすることはできなくなっていた。そして、この漢学は武士以上の身分の者が修めるべきものとなっていた。仁義とか忠孝などは、ほとんど普通の人にはあまり必要のないものになっていた。とくに前述した商工を卑しむ風習があったから、この功利を論じる側の者は学問をほとんど顧なかったのである。

ここで学問というものと功利というものはまったく引き離されて、まず学理ではこういうこともあるということで、たまたま学問を学んだ人の意見は事実においてともに行なうことができないもののようになってきた。すでに朱子学の教えがそのとおりであることに加え、日本の実態がそういう有様だったから、日本で漢学が教える道徳仁義というものと利用厚生との懸け隔てが日増しに大きくなっていった。ほとんど利と義は別物のようになってきたのである。為仁則不富、富不仁（仁《じん》を為《な》せば則《すなわ》ち富まず、富めば則ち仁ならず）、利に付けば義を得られない、義によれば利は得られえない、というふうに誤解してしまったのである。

ところが、孔子の教えは決してそうではないと私は思う。たとえば孔子の言葉に「疏食《そし》を飯《くら》ひ、水を飲み、肱《ひじ》を曲げて之を枕とするも、楽亦其中《らくまたそのうち》に在《あ》り」というものがある。こう言うとなるほど、この利用厚生、功名富貴のことはまるで意に介さないように見え、それを望めとも見えるけれど、それは趣旨ではない。もともとその解釈が悪いのである。「楽亦其中《らくまたそのうち》に在《あ》り」の前の句がある。「不義にして富み、且つ貴きは、我に於て浮雲の如し、疏食を飯ひ、水を飲み…」というのが元の文であり、不義を嫌うためにそのようにしたいという意味であって、「疏食《そし》を飯《くら》ひ、水を飲み」が望みであると解釈するのは大きな誤りである。

漢学の誤りの多くはそういう点にある。たとえば「富と貴とは是れ人の欲する所也其道を以てせずして之を得れば処《よ》らざる）」という一文があり、反対に「貧と賤とは是れ人の悪《にく》む所也、其道を以てせずして之を得れども去らざる也」というものもある。孔子は常に利用厚生のことを説きはしないが、たとえば仁という字を強く解釈して、孔子が子貢の問いに答えた言葉に「曰く、如し博く民に施し能《よ》く衆を済《すく》ふ有《あ》らば如何、仁と謂うか。子曰く、何ぞ仁を事とせん、必ずや聖乎、尭舜も其れ猶《なお》諸《これ》を病めり」というものがある。

王道によって国を治める人は、決して利用厚生を離れて王道が行なわれるということはないはずであると思う。

かつて孔子の祭典で実業界から見た孔夫子という表題で演説したことがあるが、私はほとんど二千五百年前の孔子とは非常に近いものだと考える。孔子は我々と最も近い友達と思うのである。それを、その後にさまざまな学者が段々と障壁を築いて、実業界と孔子は友達でないものであるかのようにしてしまった。幸いに二千五百年後の今日《こんにち》に私が孔子と実業界とを近くしてみせると大言を吐いたが、しかし孔子を地下から掘り起こしたならば、うなずくだろうと私は思う。

【註】※⑤　朱註◆朱子（朱熹）の注。

※⑥　宋学◆中国宋時代に生まれた儒学の総称。朱子学の流れ。

世の中の論語主義に対する誤謬を打破する

こうして、まず自分がこれまで経営してきたことは、不幸なことに知恵も足らず力も乏しいので、その働きは微々たるものであり、行なってきた結果も小さいものだが、ただ今まで述べた利用厚生の道と仁義道徳の教えとは、まったく合致するものであるということだけは、自分としても少し証拠立てて説明できるように思うのである。

これは決して今日だけ言っているのではない。まず第一に自分が願っている本当の国の進歩、本当の国の文明を望むならば、どうしても国を富ますことに努めなければならない。国を富ますには商工業によらねばならない。商工業によるというのであれば、現在の状況ではどうしても会社組織が非常に必要である。会社を経営するには道理によらなければならない。道理の標準は何に求めることができるか、それは論語によらなければならない。

だから、未熟ながら自分は論語でこの会社の経営をしてみようということで、宋朝の学者もしくはその後の日本の学者、論語を講じる人が仁義道徳と功名富貴とを別々にしたのは誤りであると述べた。私はこれを一緒にできるものだと考える。こういう思いで三十五年間経営をしてきたが、過失はなかったと思うのである。

ところが、世の中が段々進んでいくと、さまざまな事柄が多くなってくる。進歩も非常に著しく、拡張も大変大きなものである。ただし、それにともなって貴ぶべき道徳仁義というものがともに進歩拡張していくことは非常に難しい。いや、難しいどころではない。ある場合には反対に退歩することがなきにしもあらずである。これは結果的に国のために喜ぶべきことなのか。決してそうではないだろう。国の富さえ増していけば、道徳は欠けても仁義に外れても、世の中がそれで事足りるとはどうしても言えないだろう。ついには、さまざまな挫折を引き起こすことになる。

こう考えて見ると、微々たる私の経営も後日、一つの主義として世の中に追い追い拡張して、社会にこの風習を定着させるようにしなければならないと思う。ただし、あるいは私の解釈が違うかもしれないが、もし違うとしても、この龍門社の諸君は少なくとも意見が一致していると思う。すでに同じである。まったく同じ心であるというならば、どうか、あくまでもこの主義で世の中に立ち、世の中の進展とともに道理によって進まなければならない。ただ富さえ増やせばよい、物質的な発展さえすれば自分はそれでよい、というようなものでないことは、どうしても我が龍門社が中心となって世の中に注意を喚起していかなければならない。ある場合には改善もしていかなくてはならないと私は思うのである。

千載不易《せんざいふえき》な言であってもらいたい

さらによく未来を展望してみた場合、だいたい物事に標準を作るとしても、動きやすいもの、変わりやすいものでは標準にはならない。尺度のように、秤《はかり》のように、桝《ます》のように、できるだけ動かないもの、変更のないものを作るほうがよい。ここに龍門社というものが生まれ出て、龍門社が永久に伝わるものであるとすれば、私だけでなく、ここにいる方々もみな代が移っていかなければならない。みな代わっても、人間がなくならない以上は龍門社は継続していくだろうと思う。その場合、もし標準というものがあるとすれば、千載《せんざい》不易《ふえき》つまり普遍的なものでなければ本当の標準にはならないのである。

たとえ何代を経ようと、道理というものが磨《す》り減ることはないだろう。

未来を考えるには、過ぎ去った過去を見るのがよい。すなわち二千五百年前、しかも異国である中国の周代の教えを現在ここに持ってきて一つ二つの例を引いてもそのとおり、論語の全部を読んでみても、たいてい我々の心で理解して、なるほどもっともだ、こうありたいと思うのは、つまりこれが普遍的な教えだからである。

そうであれば、これからのちに、私はもちろん若い青年が亡くなっても、さらに十代たっても百代たっても、この風習を次々に拡充していくようになったなら、それはつまり現在の主義がいつまでたっても未来の標準になりえるだろうと思うのである。

もしそういうことになっていくならば、龍門社の主義によらなければ世の中に本当の富を築くことはできないのである。本当の道理は実行するのが難しいものである。しかし、その仁義道徳と功名富貴は、まったく離れてはならないものであるということを近い未来に証明できればよいことであり、百年たっても千年たっても決して遅いと憂えることはないではないか。

なぜかというと、二千五百年以上前の孔子のことを今言っても、誰も笑いはしない。古臭いことであると軽蔑もしないのを見れば、決して目前に信用を受けるか受けないかということで、この主義の重要性を決める必要はないだろうと私は思うのである。

百年後の論語であるようにしたい

顧《かえり》みれば龍門社というものは、初めはほんの少年のような人々の一つの慰《なぐさ》めとして成り立ったのだが、追い追い社員も増え、仕事も増えてきた。それにつれて、未熟ながら私がこの世で抱いている趣意をよいこととして、私に関係の深い人々が相集っていろいろ計画するだけでなく、日を追って拡張してきた。それによって、いわゆる葎《むぐら》つまり雑草の雫《しずく》、萩の下露《したつゆ》のように段々と集まってきて、細い川の流れもついには大河となって滔々《とうとう》と流れていくような状況にならないとも言えない。

実現不可能な一つの慰めとしないで、どうか相当に優れた主義綱領を立てて、ある場合には世のためにこうなって欲しいというくらいに、自ら打って出る覚悟でやったらよいだろうという希望を、このあいだ龍門社に申し述べたところ、その一言が諸君の意志にかない、いかにもそういうことなのでここに改革を行ないたい。改革するとなれば、龍門社の主義綱領というものは渋沢が普段行なっているものを定めることにしたい。

ついては、渋沢はどんな意見でこんにちまで世の中に対処し、仕事を運営してきたか、それをこの社則の改定に反映させて大いに拡張する際に一言申し述べて欲しいというのが先日からの注文だったので、喜んで申し述べようという約束はした。

が、さて、いよいよその意見を述べる今晩まで考えてはみたものの、順序よく適切に申し述べることは難しい。また、それを書いてみようという時間もない。

ついに終始徹底しない私の履歴談だけを申し述べるにとどまったのだが、この主義綱領というものが必ずしも前後貫徹した名文でなくても貴重と考えるのに十分なことは、今の論語の話で証明できるのではないだろうか。二千五百年前に、あるいは孔子の弟子の有子が言い、曾子が言い、子路が言い、子張が言い、子貢が言い、いろいろな人々の問答が論語一巻として立派な主義綱領となったと考えるならば、私が今申し上げた支離滅裂《しりめつれつ》のような話ではあっても、誠心、真実で貫き通す心で見れば、依然として論語一巻のようであろう。これを二千五百年後の人が見たなら、たとえこの雑然としてまとまりのない話でも、一つの主義綱領として見られないものでもないだろうと思う。なおかつ取りつくろって形容した言葉よりも、本当に思った事実を素直に述べるほうがよいだろう。

このように考えて自問自答の末、自ら慰めてこのまとまりのない話を申し述べたしだいである。どうか、これにより諸君の主義綱領としていただき、目の前は非常に見えにくいのだが、百年後に論語とならないまでも、論語に似たものにならないとも限らないので、諸君が尊重してくださることを希望する。

米びつ演説

文明は室内装飾に似ている

かつて私は銀行の晩餐会の席上で「米びつ演説」というのをやったことがある。その時は実業家ばかりの会ではなく、中には政治家、軍人、学者なども来合わせていたので、思いがけなくこの演説が大喝采を受けた。その時は少数の地位や教養のある人たちの耳に入れただけだったが、この説はだいたい私が持論として天下の人々に清聴していただきたいと思うので、再びこの大要を述べて本書の一項目に加えたのである。その演説の要旨は次のようなものだった。

明治維新以降、いろいろな方面の物事の制度が皆、その様子を一新して社会を装飾し、日進月歩に進んでいく様子は見ていて非常に愉快である。しかも、その様子はすべての商業にいる大勢の人々が、おのおのその職業と種類によってその分を尽くそうとひたすら懸命に、いわゆる「万物静かに見れば皆自得」というような状態にあることは一層目覚しい。

すなわち政治家は内政が完全できれいになること、外交の振興に心を注ぎ、軍人は陸海が競って強大になることに配慮し、さまざまな新案を立てて世界の列強国に後《おく》れをとらないことに努めている。その他、法律も、教育も、文学も、同じような状況で日に日に新しくないものはない有様である。そうして商工業者もまた進歩の流れに加わり、文明国家を飾る一つの要素となり、近頃は多少社会で持てはやされることにもなったが、しかしこれを他の政治、軍事、教育、法律、などと比較すると一番遅れているようである。

今、仮にこれを身の周りにある器物や調度品の類に喩《たと》えてみると、こんにちの社会が整理された有様は、あたかも一家の中に各種の器具が備えられて、しかもそれぞれ場所を得て室内を装飾しているように見える。けれども、この間にも器具の性質によっては多くの幸不幸があると思う。

硯《すずり》と墨と筆の任務

私はかつて「古文真宝《こぶんしんぽう》」で唐子西※①の「古硯銘《こけんめい》」の一文を読んだことがある。この中には、品物によって与えられる用すなわち目的用途と、体すなわち形が異なることが説いてある。その文にはこう書かれている。

硯と筆・墨を与う。蓋し気類なり
出処相い近く、任用・寵遇も相い近し
筆の壽夭、相い近からず
筆の壽は日をもって計《かぞ》え、
墨の壽は月を持って計え
硯の壽は世をもって計う

この文は非常に面白くできている。筆の寿命が日、墨の寿命が月、そして硯の寿命が人の一生の長さで数えられるのは、結局その品物がおのおの異なった性質を備えているからのことである。硯は生命が長い代わりに極めて静かなもの、墨はそれよりも生命が短いだけ少し鋭いところがあるが、筆は一番鋭いものである代わりに生命は最も短い。

このように見れば、鋭いものは寿命が短く、静かなものは寿命が長いと言うことができる。そして鋭いものも、鈍いものも、動きのあるものも、静かなものも、寿命が長いことも短いことも、すべてはそれぞれが生まれ持ったものだから、どうしても変えることはできないもので、筆が早死にで硯が長寿なのは、天性がそうさせていることだろうと思う。

しかし、この理を真実であるとすれば、自分は硯でありたいと思うものだが、それはしばらく第二の問題としておき、唐子西のこの一文によって、品物といえどもそれぞれが持っている使命が異なるということは、誰でも容易に理解できたことだと思う。

【註】※①　唐子西◆中国宋時代の詩人。

その効能論

私はこの「古硯銘」を思い出すたびに、室内の器具もまたそれぞれの性質を持っているものであることを連想して、文明が室内の器具であるならば、その一つひとつはまたそれぞれに役割を持っていると思うのである。

床の間の掛け軸は政治外交のように、玄関に備えられた武器や甲冑《かっちゅう》の類は陸海軍のように、書棚の書物や巻物、漢籍などは教育のように、屏風《びょうぶ》や襖《ふすま》の類は法律にでも例えることができるだろうか。

しかも、この中にあって商工業だけは座敷の中では用のない、台所にある一つの道具の役目を持ち、米びつ、鍋、鉢、十能《じゅうのう》（火かき）、ほうきのような器具として取り扱われている。だから、一国の文明の中で、政治、外交、軍事、教育などがまず誰の目にも入りやすいのに対して、商工業が一番遅く人の目に触れるのは、台所の道具が客の目に入らないのと同じ道理で、これはしかたのないことだと思う。

しかしながら、その効力はどうだろうか。台所の道具は一般に客の目を引かないのに対して、米びつのようなものは一家で最も必要とされるものであり、もし米びつが空《から》になれば、他の道具がいかにきれいに飾られていてもみすぼらしく、あるいはその形さえ失われることになるかもしれない。

そうであれば、家の中で最も尊ぶべきであるものは、床の間の掛け軸でもなく、甲冑《かっちゅう》や武器でもなく、書物や巻物でもなく、屏風や襖でもなく、要はこの米びつであることを忘れてはならない。そして私は比較するうえでややふさわしくないようでもあるが、この偉大な効用を持っている米びつは、前述した最も鈍い性質を持っている硯とよく似ているのではないかと考える。

米びつは私の理想である

私はもともと器用なほうではなく、上手な文章を書くこともできなければ、器具類が美しい姿であるような点にも欠けている。だから、硯となり米びつとなることに甘んじて、早くから商工業の発展に志を立てて我が身を銀行業に投じたわけだが、ここに安心立命を得て全生涯を送るつもりである。

以上述べたことが米びつ演説の実際の概要である。考えてみると、人の情けは座敷の美しい器具類でありたいと思うものだが、好んで台所の道具であることに甘んじる者は少ないだろうと思う。けれども現在の日本は、座敷の道具が比較的完備していても、米びつのほうはいまだに乏しい状況である。愛国の士が奮起して、身を挺して台所の道具の役目に当たってくれることを願ってやまないのである。

悲観と楽観

極端な二つの思潮

明治維新以降、日本はすべての物事が急速な進歩をとげ、この四十年間ほどの文明の程度が他の先進国に一歩も引けを取らないようになった。これは、世界各国に比べて例のない発達と言わなければならない。ところが、このように世の中が進歩し、人の知恵も発達してきているにもかかわらず、そこには人情としてさまざまな考え方も生じ、物事に対処するにあたって、形式に偏って考える者と、実態あるいは実質に偏って考える者との二者が生まれることになった。

この二者の偏見は、すなわち悲観と楽観によって別れるところだろうと私は思う。たとえば形式に偏って考える楽観論者は、教育が進歩したことによって何でも教育でなければならないと主張し、豆腐屋、魚屋、人力車夫などに至るまで新聞や雑誌が読めるというのは、ひとえに教育が普及した恩恵によるものだと言って喜ぶ。

そうかと思うと、また実態や実質に偏って考える悲観論者は、教育が盛んになることが社会に害を与えるかのように言い放つ。すなわち教育が発達した結果、あまり秀才でない者までがわいわい騒ぎ立て、自分の本業である農業を投げ打って学問に向かうので、幸い学校だけは卒業できてもすぐには学歴にふさわしい職業には就けず、なすこともなく毎日を送っている、と。つまり学問を修めたために、かえって使い道のない人となってしまうわけで、そんな者が世の中に増加していけば、ついには一村一町を滅ぼし、ひいては国家の大事に至らないとも限らないと言い、教育の隆盛を忌まわしいことのようにしてあれこれと論じる。

これらの議論を聞くと、両者のいずれにも道理があるように思え、果たしてどちらに賛成すべきか迷わざるをえない。

悲観、楽観の実例

さらに経済に関する一例を挙げれば、楽観論者は最近の現象を国家にとって喜ばしいこととし、それについて都合のよい説を立て、近頃は非常に金融が緩やかになったが、昔は利子が一割とか、小額の貸し借りでは二割という法外なものもあって、それに金の融通も現在のように手軽にはできなかったと言う。ところが現在では、文明の度合が進んだお蔭で経済のことも十分に研究が進み、銀行のような金融機関ができたために利率も大いに下がった。そして公債などは年四分という非常に安い利率で、海外においてさえこれで借り換えができるようになった。

金利はイギリスが一番安いが、これは文明の程度が高いからであり、文明の程度が高いところはそれだけ諸々の設備や機関が整っているので、金融の方法も完備して利率が安くなっていくのである。このような議論を立て、現在の経済状態が金融の緩慢化によって利率が安くなったのは、要するにそれだけ我が国の文明が進歩してきたのであり、金融機関が発達してきたのであると言って楽観しているのである。

ところが悲観論者の言い分を聞けば、日露戦争後、人気の高まりによってさまざまな会社や事業が創立したが、明治四十年頃になると早くもそれらの諸事業で続々と倒れるものが出てきた。以来、実業界は意気消沈して着手する事業がなくなったが、この時にあたり当局者は政府万能主義を振り回して鉄道を国有とし、タバコや塩などの専売を敢行したので、経済界の仕事では、ほとんどこれらと競争するものがないほどになってしまった。

これに加えて政府は続々と国債を募集し、戦後の財政整理に当てている。政府の負債を償還することだけが当局者の取るべき道ではないだろう。国民が負担に苦しんでいる非常特別税のようなものは減らせるだけ減らし、民間事業もできるだけ振興させ、発達するように心配することが本分ではないのか。いや、義務ではないのか。

ところが前述のような方法であれば、現在金融が緩慢であるのも、利率が安いのも、金融機関が本当に進歩発達を遂げたためではない。金のある場所がまったく偏っているために、一般事業の元気がなくなって振るわなくなり、手が出せなくなったから、それでわりと遊んでいる金が多いので利率が安くなったのである。だから、日本の経済界のことをイギリスなどと比較して論じることは間違いである。と、こういうのが悲観論者の説である。そして、この両者の説は一応もっともな話で、理屈はいずれにもあるように見えるが、結局、両者ともに偏見であることに違いはない。

なぜ達観しないのか

要するに、私はいずれにもまったく同意することができない。なぜならば、すでに述べたように悲観、楽観の両者はものの見方が偏っており、両極端に走っているからである。一方に偏ったのは、すなわち当を得たものではなく、またいわゆる達観の境地に達したものとも言えない。だいたい何ごとにおいても、達観したなら悲観も楽観も起こるはずはないのである。

であれば、達観とはどんなことを言うのか。私は中庸を得た観察がすなわちそれであろうと思う。偏ることなく、一つに特定できないところに真理が含まれているのだから、その言動が当を得るならば、それは中庸を得た人、達観した人と言うことができるだろう。

しかし、この中庸というのがなかなか得がたいものなのである。

朱子は「偏せざる之を中と謂ひ、易らざる之を庸といふ。中は天下の正道、庸は天下の定理」と説いたが、中庸の本来の趣旨はそうに違いない。また子思《しし》※は「中庸」で「喜怒哀楽の未だ発せざる之を中と謂ひ、発して皆節に中《あた》る之を和と謂ふ。中は天下の大本也。和は天下の達道也」と述べて中の字に解釈を与えているが、中和を得ることができれば、世の中のことは円滑に運べるわけである。さらに孔子は「君子は中庸す、小人は中庸に反す」と述べて、中庸は君子の道であると教えた。

とにかく、何ごとにおいても偏ることはよくない。悲観、楽観を超越したところに進むべき道があるはずである。だから私は常に一方に偏ることなく、極端に走らず、その中間をとって調和していくようにしたいと思うので、かつて悲観も楽観もしたことがない。悲観も楽観もないと言えば、じつに人生が無味乾燥のように聞こえるが、決してそういうわけではなく、中庸を得たところに一つの道を求めることほど愉快なことはない。

近頃の人はともすると、すぐに悲観し、またすぐに楽観する。今は悲観楽観という言葉さえ一種の流行語となっているくらいだが、これはいかに精神的な修養がおろそかにされているかを告白するようなもので、非常に感心できない現象ではないだろうか。少々物事が思うように進まなかったり行き止まったからといって悲観したり、少し得意なことがあったり思い通りにいったからといって楽観していては、おそらく日常生活がやかましいものになってしまうだろう。

私は、他人があまり悲観したり楽観したりするのを見るたびに、「なぜ、あの人は達観して、より以上安心な生涯を送らないのだろう」と、むしろ不思議に思うくらいだ。すなわち私の立場は、悲観も楽観もしないところにある。

【註】※　子思（しし）◈中国春秋時代の魯の儒学者（紀元前四九二？〜紀元前四三一？）。孔子の孫にあたり、孔子の高弟の一人である曾子に師事。「礼記」の内容をもとに「中庸」を著したと言われる。

白河楽翁公の犠牲的精神

公の人となり

私は松平越中守定信、世に白河楽翁公と呼ばれた人の心中を推し測るたびに、悲しくも無量の感慨に打たれずにはいられない。楽翁公は忍耐と持久の心を持っていてもそれを表に出すことはなく、まったく縁の下の力持ちとなって、徳川幕府のために百年の計画を立てた苦しい心の内は誠に見事、立派であり、賛美するほかないが、反面の心情はどのようなものだったろうか。私は平生の楽翁公の思いを偲んでは、どんなに自分が努力に励もうとも、まだはるかに及ばないと悔いるのである。

楽翁公が田安の家を出られて、松平家の養子になったのは、たぶん十七歳の時だったと思われる。そして松平家の家督を継いだのが二十六歳で、老中になったのが三十歳の時だった。だから、非常に若い頃から家のことと同様に、天下の政治に力を尽くすようになったのである。こんにち楽翁公の遺書などによってその人となりを想像すると、少年時代から天才的な人だったらしい。

十三歳の頃「自教鑑」という書物を著しているが、小冊子ではあるが、その中には自己の修身、学問のことなどを仮名混じりで書いており、それが少年の文章のようには思えない。楽翁公は十二、三歳の時すでに、そういうものを書かれている。その気性はなかなか度量があり、どちらかといえば短気なほうだったかもしれない。

小説家の碧瑠璃園という人が著した「楽翁公」という書物によれば、少年の時に花畑で木馬を乗り回そうとしたのをお付きの左枝という女中が止めたところ、非常に腹を立てて自分の勝手だと言ってどうしても聞かなかったという。しかし、この左枝もなかなか偉い女中で、「親御様に対して済みませぬぞ」と厳しく諫めたので、少年の楽翁公は驚いてとうとう止めたということが書かれている。これには、あるいは多少の修飾があるかもしれないが、とにかくそういう様子で、自分が思うことはどこまでもやり通すという気性の強い人たったように思われる。

それから同じ書物の中に白河に行かれた時の話があり、楽翁公はよほどの美男子だったと見え、ある料理屋の娘が恋慕の情が極まった末に発狂したと書かれている。これはあまりに創作されすぎているかもしれないが、まったく根拠がないことでもないと言うから、眉目秀麗な人だったに違いない。

さらにその気性については、楽翁公の著書「宇下の人言《うけのひとこと》」にうかがうことができる。これは、当時は人に見せておらず、のちの世に出てきたものだが、内容はさまざまな感想を述べたようなものである。その中に田沼玄蕃頭《げんばのかみ》※①のことについて、ほとんど毛髪が逆立つような決心で書かれた一節がある。その趣旨は、「田沼に政治を執らせておいたなら徳川氏は滅亡する。どうしても田沼を殺戮《さつりく》しなければならない」ということである。これらを見ても、よほど豪気な人だったことがわかる。

とにかく十二、三歳の時の「自教鑑」や「宇下の人言」の中で田沼の罪悪を厳しく責めたことなどを集めて想像してみると、精神のたくましい人であり、徳川氏を支える忠義や勇気には他の者が及ばないものがあったと思い起こされる。

【註】 ※① 田沼玄蕃頭◆田沼意次（一七一九～一七八八）。

徳川氏百年の寿命を続けさせる

淳信院という徳川九代将軍の家重は、八代吉宗が徳川政治を再興したあとを受けて相当に知略のある人だったが、晩年には政治を老中に任せて風流の道に入り、詩作に耽《ふけ》ったように見受けられる。政治に飽きた君主を楯にして台頭したのが田沼玄蕃頭であり、当時の徳川政治を操って、ほとんど田沼でなければ夜も日も明けないといった有様だった。

このようにしてしだいに悪政が横行したが、それとともに徳川氏が天罰を受けたと見えて、いわゆる天変地異もしきりに起こり、天明元年から六年までに災害が毎年のように起きた。浅間山が噴火したのもその時である。江戸に大火があったのもその時である。凶作があったのもその時である。とくにひどい大飢饉や凶作が天明六年にあり、餓死者が道に横たわる有様で、人々は人肉を食って飢えをしのいだということである。

そこで、やはり当時の人の政治が良くないということを幕府の御三家すなわち尾張、紀州、水戸の三親藩が評議して、ついに田沼を辞めさせることになった。それが天明六年八月で、その翌年六月に楽翁公が老中主席となった。楽翁公は天下の政治を執る前に、すでに小藩ではあるが自分の一家の政治では相当な実績をあげていた。天下の大権を執り行なうにあたってすぐに大改革を行ない、単に表面的な節約ではなく大奥にまでも改革を断行し、天明八年に寛政と改元したあと寛政六年までの七年の間、十分に善政を行なわれたのだった。この七年間の政治は、じつに徳川家百年の寿命を続けさせる基盤となったのである。

この時において、もし楽翁公がいなかったなら徳川家はどうなっただろうか。王政維新を迎える前に、早くも倒幕の悲運に出遭いはしなかっただろうか。これは過ぎ去ってしまったことで確信はできないが、楽翁公の政治が徳川百年の寿命を続けさせたということは、少しも言いすぎではないと私は信じている。

感服すべき信仰心

楽翁公は漢学に通じていたうえに、国学をも併せ修めた立派な学者だった。それだけでなく、絵も描き歌も詠むという多芸な人で、とくに書道、美術、古器などになかなかの趣味を持っており、風雅の道、詩作なども相当に嗜《たしな》まれていた。そういう多才で博識な人であったが、さらに私は深く感服するところがある。それはどういう点かというと、楽翁公はまるで一向宗の老婆がその流派を信じるような、また法華宗が日蓮様を崇めるような行動に出られたことが一度ある。

もともと私は幼い頃から少し漢籍を治めたことから、神仏に祈るとか頼むなどといったことはあまり心に留めていない。すなわち自分の信仰いわゆる安心立命は論語から得ている。孔子の言行を学び、その教えに違わぬように心がけてきた。そのため、仏に念ずるとか神に誓うなどということは少しもしないのだが、楽翁公は十分な学識もあり、芸術も心得る人でありながら、聖天に祈誓を立てて治国平天下を祈った。

その起誓文から推察すると、楽翁公の信仰心はよほど厚かったことが想像できる。そういう精神だったから、すべて行なうことが切実で、真摯だった。私はこの文を何回読んでも敬服しているが、その文章が名文であるかというと、別に漢学的な字句も使っておらず、非常に通俗的なものである。「松平越中守奉懸一命心願仕候、当年米穀融通云々」と、国が富み、人民が安心し、政治が順当になるように私にさせてくださいと神に祈っている。それを意訳すれば次のようになる。

「もし、そうさせてくださらないのなら、私の命を奪ってください。私の命ばかりか妻子や一族まで皆殺しにされても恨みません。生き長らえて苦難の有様を見るくらいなら、むしろ私は死んだほうが養家に対しても申し訳が立ちます。養家に対して申し訳が立たないことは私の苦痛であります。この職責を十分に尽くし、人民が安堵できるようにするには、金穀の融通がよくなり、庶民が豊かに暮らすことができる政治が行なわれなければならないのです」

それは人力では不可能なことであり、神様に助けていただくよりほかにないというふうに、平たく書き連ねてあるのだが、そこに激しい精神が籠もっている。おそらく、その覚悟で自分の命を犠牲にしていくならば、いわゆる「精神一到何事か成らざらん」であろう。

　このように知識、学問、芸術を身につけていて見聞も広い人でありながら、なおかつそのような深い信念を持つということは、その人格がじつに偉大であるかを示すものではないか。


　近頃は段々と科学が進歩し、文学も流行してきたが、一方でそういう学問が広まると、一般に知恵のある人は出てくる代わりに、精神は非常に浮薄になり虚弱になったように思われる。

「何それしきのことは」とか、ひどいものでは「大功は細瑾を顧みず※②」とか、「彼も一時此れも一時※③」とか、「君子は豹変す※④」などといろいろと理屈をつけて自己を弁護し、精神一到何事か成らざらんというような精神性はほとんどなくなってしまった。

　はっきり言って、現在の政府に楽翁公のような精神で政治を行なう者が、果たして何人いるだろうか。そのような考えで実業を経営する人が何人いるだろうか。こういう人が大勢出てこなければ、本当に国家を発達させることはできないと思う。徳川氏がすでに滅亡しようとしたところを、楽翁公の精神一つで百年続けることができたとすれば、こんにちそのような人物がたびたび出たなら、その隆盛を五倍も十倍も高めることができるのではないか。これが、私が深く楽翁公に敬服する理由である。

【註】※② 大功は細瑾を顧みず◆「大きな仕事を成し遂げようとする者は些細な問題は気にかけない」の意（「史記」項羽本紀より）。
※③ 彼も一時此れも一時◆「世の中のことは時とともに移り変わりもので一定ではない」の意（「孟子」公孫丑下より）。
※④ 君子は豹変す◆「君子は過ちを認めて善に改めることにおいて、その急変ぶりが際立っている」の意（「易経」革卦より）。

家斉と楽翁公

十一代将軍の徳川家斉公は幼い時期にその職についたが、その時老中だった楽翁公は将軍より十五歳年上で、寛政六年に楽翁公が辞職する時、将軍は二十一、二歳だったと思われる。しかし家斉公もなかなか優れた君主であり、徳川家は十一代将軍の時ほど国家が無事に治まり、人民が安堵して暮らせた時代は少なかった。

そして家斉は一度も上洛せずに太政大臣に任ぜられた人で、代々の将軍中、上洛しない人は太政大臣になれないという慣例だったのを、家斉一人だけがその例を破ったので、その頃の落書に「上洛もせずに太政大臣は、これぞぶしょうの初なりけり」というのがあったが、「ぶしょう」というのは横着ということと将軍ということを懸けたのである。その返歌として「ぶしょうとも物臭いとも言わば言え、くらひ過ぐればうごかれもせず」と記したものもある。

何しろそのくらい権勢が盛んであり、徳川最後の栄華を示したけれども、それによって徳川氏の命脈を縮めたと言ってもよいのである。かの頼山陽《らいさんよう》※⑤は日本外史を書いて、筆を文恭院家斉公で止めているが、「武門天下を平治する、是に至ってその盛を極む」という句をつけて筆を置いている。

これは私の推断かもしれないが、結末の一句は山陽が深い考えによって書いたのだろうと思う。すなわち春秋の筆法※⑥で言えば、盛んであれば必ず衰える。徳川氏の隆盛がここに至って極に達すというほどに、家斉公の贅沢な驕りぶりや権勢は公家や諸大名に対して強い影響力を持っていた。また家斉公の官位が高かったことも例外であるといったことも書き記して筆を止めているのは、ここが徳川氏隆盛の絶頂期であり、ここからは衰退に向かっていくと見極めたのではなかったろうか。

それはともかく、家斉《いえなり》公は六十七人の子供を残したほどの人だったから、奥御殿に女性が多かったことも推して知られる。ずいぶん華麗なことが好きな、ぜいたくで驕《おご》った人だった。決して悪人ではなかったのだが、楽翁公とは気の合う人ではなかったと思われる。その証拠に次のような経緯がある。

田沼玄蕃頭が台頭してきた時、田沼に付き従って最も力があったのは水野出羽守であり、この人ものちに田沼とともに免職されることになるのだが、楽翁公は寛政六年に辞職して、楽翁公とやや気の合った松平伊豆守という人が後任となり、その翌年には再び水野が老中になっている。松平伊豆守と楽翁公の関係は、尊号美談として世に伝えられる一件によって理解することができる。

その事件は、家斉公の父の位を高めるために、時の光格天皇の皇父典仁親王に太上天皇の尊号を奉ろうと言って、中山大納言愛親、正親町公明の両卿が関東に来て幕府の同意を求めたことに始まる。しかし楽翁公は、これを反論してとうとう言い負かしてしまった。すなわち尊号について朝廷と幕府との間に争いがあったのだが、この時、楽翁公は松平伊豆守と協議して処置し、尊号美談として称賛されるほどの苦心をしたのだった。

これによれば、楽翁公は伊豆守を信任していたらしい。水野出羽守は楽翁公が辞任したあと、寛政八年の十二月に再び出て老中の筆頭となった。この水野出羽守を登用したのは家斉公である。だから、かれこれと事実を照らし合わせてみると、確かに家斉公と楽翁公とは意志が合わなかったに違いなく、そのために早く職を退かれたのは議論の余地がない事実である。

【註】※⑤　春秋の筆法◆孔子が記し、あるいは編んだとされる「春秋」の書き方。春秋は編年体による春秋時代に関する歴史書（五経の一つ）で、小さな記事、簡潔な文章によって大局を表し、歴史に対する厳正な批判的内容となっている。無駄のない簡単な表現で奥深さや真理を伝えたり、間接的原因を直接的原因として表現するなど論法を「春秋の筆法」と言う。

※⑥　頼山陽（らいさんよう）◆江戸時代後期の歴史学者（一七八〇～一八三二）。文人、陽明学者としても知られる。

縁の下の力持ち

しかし楽翁公は非凡な賢者だったので、在職中に徳川家のために相当な事業を成し遂げた。わずか七年間の政治が徳川氏百年の寿命を続けさせたとしてみれば、その功績はじつに偉大であるとしなければならない。

楽翁公は七十二歳まで長寿をまっとうした人だから、さらに二十年も三十年も老中の職にあったならば、徳川家の政治は十分に改革が進んだに違いない。ところが、ようやく改革が始まるかどうかという時に、早くも家斉公は楽翁公を嫌い、別働隊として大奥が幅を利かせてきて、こちらも楽翁公を煙たく思っていろいろと面倒なことが重なってきたから、楽翁公も自ら悟ってその職を去ったのだろう。

私の説の通りであれば、楽翁公の性格は質実、忠義、律儀であり、非常に人格が高潔だったことを裏づけるものだろう。なぜなら、この辞職において楽翁公は、ただの一度も時の将軍と意見が合わなかったとか、大奥ともめごとがあったなどということを表に出さなかったのである。まったく楽翁公は自身で縁の下の力となって、徳川家が倒れようとしたところを支えたのである。

楽翁公が一人で苦悶する時の胸中はどんなものだっただろうか。あの起誓文も秘密のうちに奉納して、誰にも告げなかったくらいだから、楽翁公はこの苦境に立っても、大事を大事として誰にも訴えなかったに違いない。そして、もはや自分の意見が通らないと思ったから、あえて争うこともないと考えて、恨み言も言わず、苦情を唱えることもなく、風月を友として詩作に親しんだ。

できる限り世の風潮が改善されるように努めたけれども、すでに大勢はどうすることもできなかった。楽翁公がどんなに世の中のことを思っていたとしても、驕奢つまりぜいたくで驕った風潮は増長され、風俗はますます退廃していき、ついに頼山陽が「是に至って其の盛を極む」と述べるほどの状況になったのである。山陽の書いた外史の中にも、楽翁公が時の将軍と意志の疎通がよくなかったようなことは少しも記されていない。

たぶん、楽翁公の気性は前述したように、田沼玄蕃頭を殺そうというような非常に気構えの強い、思ったことはどこまでもやり通すような人だったのだから、三十五、六や四十歳くらいでその精神が急に変わって、性質が衰えるはずはない。変わらず衰えずにそうまで柔らかく治めることができたとすれば、本当に聖人賢者の徳を備えた人と言ってよいだろう。

楽翁公と頼山陽

興味深いことに、頼山陽が外史を書いたことは徳川の驕奢《きょうしゃ》が度を超しており、そのうち幕府は倒れると思ったからそういう書き方をしたのだろうが、その外史は楽翁公によって世の中に発表されたのである。現在、山陽の外史には楽翁公の序文とともに山陽が楽翁公に奉った文章が載っている。当時、楽翁公は山陽が外史を書いたことを耳にして、家来を遣わして内容を知りたいと求めた。そのため山陽は楽翁公に奉る書を用意したが、その上書きは、宋の蘇轍《そてつ》が時の宰相である韓魏《かんぎ》公に奉ったと言われる文章を土台にして書いたものである。その内容の趣旨はこうである。

「昔、蘇轍が韓魏公の人物を名山大川と比べ、これを大きく優れていることとして、その文の骨子としたことは、自分の気持ちを世間の人に知ってもらいたいと思ったからだろう。しかし、頼襄《らいのぼる》はこの書物を作ってから、まだ人に知らせたいとは思わない。だから私はそれを求めなかったが、閣下はこの書を見たいと言って人を遣わされた。確かに蘇轍は韓魏公に求めたが、私はそういうことをせず、閣下が私に求められたのである。しかし私は今、この書が世の中に知られることを望んではいない。今知らされることは望まないが、百年後に知られることを好まないのではない。閣下が今見てくだされば、その後に見る人もいるだろう。のちに見る人は、頼襄はどのような心で外史を書いたかを知るに違いない。

百年ののちには必ずそれが知れるだろう。そして、そのことだけは、私も望まないわけにはいかないのである」

その文章は、徳川家がついに倒れるという意味を表面にこそ表わしてはいないが、裏には十分にそれを含ませているのである。その外史を、楽翁公が非常に尊んで世の中に紹介したのである。だから私は、賢者と学者の奇遇というものは非常に面白いものだと思う。

【註】※⑦　襄（のぼる）◆頼山陽の諱（いみな＝身分の高い人の実名）。

養育院と楽翁公

毎年五月十三日は楽翁公の祥月命日、つまり亡くなった月日と同じ命日である。東京市の養育院は毎年この日に記念祭を執り行なうのが例となっているが、その理由は楽翁公が養育院にとって間接的な恩人だからである。つまり楽翁公の勤勉で倹約に努めた遺徳が、維新前の百年近い昔からこんにちに伝わり、追い追いこれが拡大されてこんにちの時世に応じた慈恵の事業になったからである。

もともと養育院の始まりは明治五年、上野に窮民を集めて救助したのがそもそもの始まりで、その資金は当時、東京市の共有金をこれに当てた。そして、その共有金が何から生じたかというと、寛政時代に楽翁公が政治を行なって天下に倹約を奨励され、どこの町でも積立金をさせたのだったが、この金の残りが維新後にも東京市の共有金として存在し、それによって窮民の救助ができたのである。こんにちの養育院は楽翁公が遺された金によって窮民の救助をするわけではないけれども、前述のような性質の金から救貧事業が成立したのだから、こんにちでも楽翁公の遺徳を慕って、命日には必ず記念祭を開くことにしている。

私は長年、この養育院の院長を務めてきたが、月の十三日は欠かさず出勤して院の事業を見たり、窮民、病人、捨て子などの様子を見回ったりして、その対応などについて協議することを毎月の例としている。それもすべて、昔の楽翁公の功績を忘れないようにしたいからである。

ついでながら楽翁公の積み立ての方法について触れておきたいと思うが、それは非常に簡単な仕組みだった。町方を諭して精々倹約させ、残った金の中から一部分は町費を補助し、一部分はその取り扱いをした者に褒美として与え、そうして残った金にさらに幕府から補給して、段々と利殖の方法を計るようにした。ちょうど一割の中から三分を取って七分を積み立てるようにしており、すなわちこの積立金を七分金と通称していたのである。このような小さなことにまで楽翁公が苦心されたことを想い起こせば、我々は深くそのお蔭を忘れないようにして、養育院のことにも全力を尽くさなければならない。それで私は養育院の守り本尊にするために、あの起誓文を清書し、最後に一言書き添えてこれを掛け軸にして養育院の本院と分院におのおの一幅ずつを奉納した。その添え書きの文章はおよそ次のような内容である。

この誓文は松平定信公が幕府の執政となられてのち、八か月を経て天明八年正月二日、日本所吉祥院に祀られている歓喜天に捧げられた密封の心願書である。公がみまかられてから十数年後、寺の僧がこれを発見したのに、寺の宝として秘蔵していたので、世の人々はいまだにこのことを知らなかった。が、明治の初め、その寺が衰退すると共に世の中に出てきたものが、楽翁公の子孫である松平子爵の家宝となった。そもそも楽翁公は幕府が衰え始めた時に出て、君主を助ける宰相の職に就いて、その身をもって徳川治世の中流の底柱となった。幕府の危機を救い、徳川治世の中興の隆盛を成し遂げられたのは、もちろん先天的な才能、見識によるものではあるが、また誠心誠意、自ら欺くことなく実学修養に努めたことによるものであった。今この文を読んで当時を回想すれば、楽翁公の精神がはっきりと紙墨の間に溢れ、慄然として人の姿勢を正さずにはいられない。そして、我が東京市養育院が創設されたのもまた、楽翁公が遺された遠大な政策の恩恵に基づくものなので、この文に対して誠心誠意、敬い重んじる思いを表わせば、おのずと天におられる楽翁公の魂も感応されることと思われる。すなわち恭しく掛け軸一幅を写して、これを本院の神位に充てて、長く人々が楽翁公の遺徳に親しまれることを願う。

明治四十四年五月十三日

東京市養育院院長　男爵　渋沢栄一

養育院の存在が、楽翁公の功績に負うところが多いことは前述の通りである。この遺徳を永遠に忘れないようにしたならば、天におられる楽翁公の魂はいつまでも同院とともにあり、同院を保護してくださるだろう。このように私は思うのである。

無学成功の三友人

過去七十年間、私はずいぶん各方面とかかわっており、しかも多種多様の人々と交際してきた。その中で、学問こそ修めなかったが天稟《てんぴん》の才能が非常に発達していて、非凡な人物と思われた者が三人いる。それは三井家の三野村利左衛門、鉱山王と呼ばれた古河市兵衛、天下の糸平と称していた田中糸平である。私はこの三人と非常に親密な間柄だったが、今はすべて故人となってしまった。私はこんにちに至るまで、この三人くらい無学でありながら、非凡な才能を備えていた者は見たことがなかった。

無学というと、何となく軽蔑しているように聞こえるが、ここで私が無学というのは、規則的に段階的に学問を修めていないという意味であり、順序に従って修学しなかったのである。西洋の学問はもちろん、漢学も学ばなければ日本の学問も習っていない。こういうと自分も規則的に学問を学んだわけではないから、あるいは三人と同じ部類に入るかもしれないが、今の中学生に劣っているとは思わない。ある専門の方面にかけては大学を修めた人にも劣らないと自信を持っている。だから、ここで無学というのは決して軽蔑した意味ではないことをあらかじめ承知してもらいたい。

さて三人はそれぞれやり方が異なっていた。おのおの性格も私とは違っていて、ただ学問を修めていないことだけが三人の共通点だった。今この人たちの学問の程度を言えば、三野村は新聞の論説などを読みこなす力はなかっただろう。

古河も新聞は少し難しい部分になると解らなかった様子で、文字も金釘流《かなくぎりゅう》、つまり釘を曲げたような字で非常に下手だった。田中に至ってはさらにひどい。三人そろってそれほど識字力がなかったのに、彼らが成し遂げた事業は凡人が及ばないものが多かった。

たとえば三井一家が現在の隆盛を見たのは、益田、中上川その他の諸氏の力もあっただろうが、その端緒を開いたのは三野村氏であった。古河、田中の両氏もまた、各鉱山や投機に立派な成功を収めている。彼らには天稟《てんぴん》の才能があり、巧みにその非凡さを発揮したのだろう。三人について、おのおの特殊な点を以下に挙げてみよう。

（一）三野村利左衛門氏

三井家の恩人

三野村氏は才能と計略を縦横に発揮するという性質で、単に三井家の番頭としてばかりでなく、この人に政治を行なわせたら立派な政治家になっただろうと思われた。三井家は明治維新の少し前に幕府から御用金を命じられたことがあったそうだが、その前にもしばしばそういうことがあり、調達した金額は少なくなかった。

ところがその時、幕府の勘定奉行は小栗上野介《こうずけのすけ》で、幕臣の中でも剛毅で果断な人だったから、もしこれを拒んだらどんな禍《わざわい》が降りかからないとも限らない。だから三井両替店の重役である斉藤純蔵氏の心配は大変なもので、ほとんど困り果てたところへある人が三野村を紹介して、「彼なら必ずやり抜く」と言ったことが縁となった。三野村氏は三井家のために斡旋《あっせん》運動つまり幕府との間を取り持つ活動をしたので、ついにこの危険な御用金を免れたということである。

その後、明治七年頃に小野組が破産したことがあったが、当時三井家は小野組と対立して同様の事業を行なっていたのだから、破産こそしなかったが、その打撃は非常に大きかった。ところが、この打撃にも耐えて現在の三井家があるのは、第一に三野村氏が仲立ち役として尽力した結果であり、その功績は決して忘れることができないものである。これらの事実を通じてその人物を観察すると、三野村氏に政治家としての素質があったことがわかる。

三野村氏の進歩的な思想

三野村氏の在世中、「三野村の丸々」ということは非常に有名な話だった。たぶん現在でも大隈重信伯はよく覚えておられるだろうが、それは何かを説明する時、丸をいくつも描いて互いの関係を図解するのである。たとえば、ここに中央の首脳部があるとすれば、その下にいくつかの分課があるから、工業会社であれば庶務とか会計、製造、倉庫などというようにあるものを一つひとつ丸で示し、ここに勢力が集まればここはどうなるとか、ここを抑えるとあそこはこうなる、などということをよく説明された。

学問のない人だから、図にはただ丸々を描くばかりで上下または左右の位置を示しただけなのだが、図であるから一目瞭然である。これは現在、西洋の書物などによく見かけることだが、三野村氏の方法は西洋から得たわけではない。三野村氏が丸を描き始めると、我々の仲間で「三野村の丸々」が始まったと言って笑ったことがある。三野村氏には、こういうものの処理や調整については天稟の才能があったのである。

また学問がなかったにもかかわらず、三野村氏の思想は進歩的であり、時代に後れるということがなかった。人が目前のものしか見ていない間に、三野村氏ははるか遠くの将来を見ていた。銀行の組織などについても三野村氏は自分で思いついたが、学問のない悲しさで、これを実行する方法を知らなかった。ちょうどその頃、私は大蔵省を退いて銀行事業を経営したいと思っていたところへ、三野村氏から銀行事業をやってくれないかという相談があったので、この話はすぐにまとまり、第一銀行が創立されたのであった。

その当時、三井家が大株主の一人であったのもこの関係からであり、のちに三井家と銀行との関係はほとんど絶えてしまったが、一時期、第一銀行は三野村氏を通じて三井家と重大な関係を結んだのだった。三野村氏が西洋の学問はもちろん、日本の学問さえ身につけていないにもかかわらず、率先して銀行組織の考えを起こしたことなど、三野村氏の思想が進歩的で常人とは異なっていたことがわかるだろう。

人を見る眼力

三野村氏はまた、人を見る眼力も抜群だった。大隈伯が政治家としてその時代の中で傑出しているだけでなく、経済を調和させ、財政を整理する手腕があることを見抜いたのも彼の眼力であった。また井上馨侯の財政経済に関する意見や手腕を見込んだのも三野村氏で井上侯を訪問しては議論などをして、ついに井上侯と三井家との関係を結びつけた。

もちろん三野村氏の前後に益田氏がいて両者を近づけており、さらに中上川氏も仲立ちとなってその関係を密接にはしたものの、その端緒を開いて三井家を現在の隆盛へと導いたのは、三野村氏の眼識の力と言わなければならない。そしてまた、不肖ながらこの渋沢を見込んで三井家との関係を深くさせたのも三野村氏だったのだ。

それからもう一つ、三野村氏の特長として人と交際することが上手だったことがある。悪く言えば、三野村氏は人に取り入ることが非常に巧みだったのだ。とはいえ、何も人にお世辞を言うことはなく、軽薄でもなく、ただ人と交わって離れさせないような一種の魅力を持っていたのである。

また些細なことにもじつによく気がつく人で、女中の世話もして、薪はどこから買うのがよいとか、炭はこういうものを買わなければいけないとか、たいていの人が見過ごすようなことにまで気がついた。それも重々しく言うのではなく、行動は敏捷かつ快活で、言動は聞いていてもじつに心地よいくらいのものである。大事にもよく気がつくかと思えば、些細なことをなおざりにしたこともない。珍しくよくできた人で、だから人が自然に三野村氏に近づくようになったのだろう。

私がヨーロッパから帰国した時も、早速私を訪問してくれた。その後、官吏を辞めるときにも、三野村氏は私に三井家に入って同家のために働いてもらいたいと勧めてくれた。しかし私は心に思うこともあったし、また人に雇われるのを好まなかったので、せっかくの好意も辞退したが、ともかく顧問というような肩書きで当分の間、何かの相談には乗っていたのだった。三野村氏の逸話について語りたいことはたくさんあるが、単に一般的な特長を述べるに留め、次に古河氏のことに移ろう。

（二）古河市兵衛氏

古河氏と私とは明治三年以来懇意にしており、亡くなる年まで親しく交際していたから、その人物、性格などについてもよく知っている。生まれつき心がきれいで、性質も非常によい人だった。古河氏の生地は京都の岡崎村で、非常に地位が低い家の豆腐屋の倅《せがれ》だったと聞いている。

遠慮なく言えば、古河氏と私の関係は、交際は密接ではあったが趣きは同じではなかった。古河氏は商人風で大いに金儲けをしたいという思いであり、多少投機の心もあったらしい。だから一つ当てて大儲けしてやろうという気持ちがいつもあって、これはと見込んだことがあれば分不相応なこともした。もちろん学問をあまり学んでいないから見聞といっても非常に限られていたが、自信が強いことについては、これまで見たこともない人物だった。

古河氏と小野組の関係

古河氏は最初、小野組の糸店に丁稚《でっち》として住み込み、しばらく盛岡の支店に勤めていたが、維新前に東京に呼び迎えられ、小野組の糸店の主任となった。確か、明治五年頃のことだったと思うが、古河氏はフランス、イタリアなどの養蚕地で蚕種が不足しているということを聞き込み、「外国人から蚕種の輸出をしろと勧められたが、どんなものだろうか」と私に相談に来たことがあった。

そして全国の蚕種の約半分を買い占めて、横浜の商館を相手にして売ったが、その商売では大いに利益を得たとのことだった。その後、ついにイタリアに人を派遣して直接輸出することを計画し、米の買い付けも行なったことがある。そのように古河氏は見込みをつければ一攫《いっかく》千金を目論んで飛び抜けたことを行ない、大胆な計画を実行するというふうであった。

小野組は明治五、六年頃に全盛を極めていたが、あまり手広くやり過ぎたために不確実な事業に資本が固定し、政府からの預かり金が厳重な取り立てに遭うというようなことがあって、明治七年には閉店しなければならないほどの悲運に陥った。当時の小野組は営業が二つに分かれていて、銀行部は小野善右衛門氏自らすべての事務を管理し、糸店のほう（名目は糸店でも、鉱山などにも手を広げていた）は古河氏が中心となって取りまとめ、部下には浅野幸兵守氏以下の人々がついていた。

私が経営していた第一銀行は小野組が百万円の大株主だったから、私もそれを信用して百三十万円の貸し出しをして、この抵当として本店からは第一銀行の株を、糸店からは生糸や米を提供していたが、それについて別にしっかりとした契約書を取り交わしたわけでもなく、いわば信用貸しのようなものだった。ところが小野組は突然破綻せざるをえない苦境に立たされたので、私は事業家のため、また銀行のために非常に心配したものである。

男らしい処置

その時、古河氏が私のところに来てこのように申し出た。

「私もいろいろとご配慮いただいたが、小野組もいよいよ存続が危うくなってきた。ついては小野組が閉店するためにあなたにご迷惑をかけて、銀行をつぶすようなことがあってはすまない。私の借用金は信用貸しとはいえ、これだけの仕事であるからこれだけの金融をしてもらいたいと言って借りたものなので、手続きこそ不完全でも品物は抵当と同様なものである。だから、糸でも鉱山でも私のほうにある財産をすべて差し入れるから、すぐに正当な処置を取ってください」

先方から進んで抵当権の設定を願い、倉庫の米が何俵、この生糸がいくらというふうに、貸し出しに相当するだけの抵当物を提出したのである。そのために第一銀行は大した損失もなく、危険な時期をやり過ごすことができたのだった。普通の人間なら破産に際して、自分のところにある品物を隠したがるのが人情である。ところが古河氏は隠すどころか、自ら進んで抵当物の提供を申し出て、必ず損はさせないと言った。いかにも男らしい立派な態度ではないだろうか。誠実で、かつ勇気がある者でなければ、とうていできることではないだろうと私は古河氏の性格に深く感じ入った。

同じ頃のことだが、私は古河氏とともに柳橋の升田屋という遊船宿に遊びに行った。自分のほかに小野組の浅野幸兵衛氏もいたと思う。その時、古河氏は、これまでいろいろと世話になった礼を述べて、こう言った。

「私は銀行に金を預け入れるのではなく、借り出すばかりで、いつもご厄介になってばかりいた。しかし小野組は破産しても年来のご好意には背かないつもりである。ただし自分としていかにも残念に思うのは、私が管理する糸店は毎年よい結果をあげているにもかかわらず、本店の為替担当が営業方法を誤ったために、今みすみす閉店しなければならないことである。事業の成績が悪いのならしかたないけれども、よい事業を行ないながらこのようなことになってしまった」

さすがの古河氏も声を上げて泣き出した。あのくらい自信のあった男が、男泣きに泣き出したので、私もあまりに気の毒になってもらい泣きした。が、私はさらに言葉を改めて、

「そんなに嘆くことはないではないでしょう。自分が破産させたというわけではなく、お互いにまだ年も若いから、今後とも大いにやっていこうじゃありませんか。男子がこのくらいのことで泣くようでどうします。大志ある者は、そのように将来に大成することを期するべきです」と言って励まし、慰めたのだった。顧みれば四十年も昔のことだが、当時の光景が今もなお眼に浮かぶようである。

鉱業家としての古河氏

この時、ついに小野組は破産してしまった。古河氏は一方の棟梁であっただけに相当の貯金もしていたが、それは一切主家に預けていたので受け取ることもできず、古河氏も強いてそれを取ろうともせず、さっぱりと断念して、いわゆる裸一貫で小野組を去ったのである。無一物で出た古河氏は、明治八年にまた無一物で自ら事業を始めた。その時、私にも相談に来て、鉱山事業が一番面白いから、自分は一生をこのことに投じるつもりだと語り、手始めにと新潟県下の草倉銅山から着手した。もちろん古河氏には資本がないから、この時、第一銀行から二万円ほども融通したように覚えているが、幸いにもこの鉱山が的中し、しだいに古河氏の運命を切り開いていくようになった。

鉱山事業にかける古河氏は、じつに非凡な能力を持っていた。そして強固な自信をも備えてただ一心にこのことに従事し、あらゆる方面に手を出した。草倉で成功して間もない頃だったが、土佐の島本中道という人からある銀山を買い入れたことがある。その時も銀行に資金の融通を頼んで来たのだが、私は危険な事業だから思い留まってはどうかと丁寧に諫めた。しかし、聞き入れない。

結局、五万円ばかり融通したが、この鉱山はまったく見込みが外れて、古河氏は大損した。だから私が「それ見たことですか。言った通りじゃないですか」と詰め寄ったが、古河氏はまるで平気な顔で、「そんなことを言っても無理です。鑑定違いで運悪く外れたまでのこと。このくらいで失望するようでは、仕事などできたものではありません」と言って、意に介した様子にも見えなかった。私もなるほどと言っただけで二の句がつげなかったが、鉱山事業にかける勇気と大胆さはすばらしいものだった。

それから私が非常に驚いたことは、古河氏が鉱山の様子を大きなことから小さなことまでよく知っていることだった。現在では図に描いてあるから誰でも一通り理解できるが、三十余年前の鉱業界はそんな進歩したものではなかった。ところが古河氏は足尾銅山について坑内の様子を詳細に知っていた。坑道の方向はどのように走っているとか、支柱の方法はどうだとか、坑内の運搬法などを手に取るように理解していて、まるで足尾銅山が古河氏の頭の中にたたみ込まれているように見える。学問は身につけていないが、鉱山のことになると技師以上であった。

足尾銅山の成功

古河氏の最終的な事業であった足尾銅山には、私もいろいろと関係を持っていた。足尾は長い間掘り続けられた山で、明治九年頃、佐賀県の副田欣一という人の所有だった。この人は士族で手広く鉱山を経営していたが、資金が乏しかったので岡田平馬という人が資本を出して営業を続け、一時、所有主と営業主が異なっていた。それもうまくいかないので、明治十年頃に古河氏に売り渡しの相談をかけてきた。

もちろん古河氏は欲しいのだが、買い取るだけの資本がない。そこで相馬家と私と三人で三万円を出資し、仕事は古河氏が引き受けることにした。ところが、副田氏と岡田氏との関係が前述の通りだったので、古河氏がいよいよ引き受けるという段になって苦情が出てきた。権利は誰にあるとか、山を渡すの渡さないのと、互いに争って譲らない。幸い、岡田氏も私の知人で、副田も第一銀行の取引先だったので、三人とも私の知り合いということで、その仲裁を私が引き受けて、ようやく円満に解決することができた。

ところが、この山は古くから掘り続けただけに坑口が蜂の巣のようになっていた。だから世の人々は「古河はどうしてあんな山を引き受けたのだろう」とか「あんな山をやっても失敗は見えている」などとひどく非難した人もいたそうだが、古河氏には別に見るところがあったようで、誰がどんなことを言っても耳に留めず、精力的に作業を進めた。最初は損をし続けて算盤勘定が合わなかったが、古河氏はそんなことを気にかけたり挫折するような男ではないから、行けるところまで行ってみるという決心でやっていた。

そのうちに調子が段々よくなって、ついにこんにちの大成功を収めることになったのであった。そして古河氏はいつも私のところにやって来て、「あなたのお蔭であの山を引き受けることができて、幸い儲かるようになりました。今度はこれだけの利益がありました」と言って、私の出資に対する配当金を自分で持って来てくれ、そのたびに非常に喜んでいた。それから私にも現場を見てはどうかと勧めてきたので、明治十二年に私も行き、十六年にも行ってみたが、事業の規模はしだいに大きくなるばかりだった。

鉱山に対して猪突猛進

古河氏の性癖として、あまりに鉱山に熱中しすぎるところがあった。つまり、これも事業が好きな結果だっただろうが、何しろむやみに山を買い込むのである。その買い込み方も非常に大雑把なやり方で、たいがいは一目見ていい加減に勘定してどんどん買い取ってしまう。場合によっては精細に調査研究することもあったが、たいがいは太っ腹なことをする癖があったから、私なども大いに気遣い、一時は山を買うのをやめるように忠告したこともあった。

また口約束では安心できないから、今後あまり事業を拡張しないようにするという証書を書かせたこともあった。しかし当人は、容易にこの癖が直らず、鉱山事業ばかりはどんな先輩や知己の言葉も決して聞き入れなかった。一度自分で見込みをつけたが最後、なんと言われても勇往邁進、究極に達しなければ止まらないので、そのために損害を被ったこともある。

ある時、上州沼田で二十万円ほどの鉱山を買い取り、のちにそれは騙されたのだとわかったが、古河氏はほとんど平然として、騙されたのだからしかたがないと言って、その後に愚痴をこぼすことはなかった。騙されるのはしかたないが、よいと思うほうへは、そんなことに懲りずに進んで行くのがよいと言っていた。みすみす二十万円を失ったことを知りながら、騙されたものはしかたがないと見切りをつけるところなどは、凡人の及ぶところではないと思う。それからまた、平生こんなことも言っていた。

「自分はこのうえも、自分の資力の許す限り、命の続く限り、あくまでもこの事業の拡張を図るつもりです。この事業のためならば、国内だけでなく外国までも手を伸ばしてみたいと考えています」と。

こんなふうだったから、私はある時、各鉱山の所長が東京に出てきた機会を利用して、その人たちを兜町の事務所に集め、「古河氏にはなるべく事業を勧めないようにして欲しい」と忠告したこともあった。古河氏は誠に珍しい進取的な人であり、鉱山にかけてはほとんど猪突猛進であったと言ってよい。

古河氏の反面

前にも述べた通り、古河氏は学問のない人だっただけに、文字も非常に読みにくいものだった。それでも必要な手紙は必ず自分で書いて、決して代筆させたことがなかった。受け取った手紙も難解な文字は読み取ることができなかったと思うが、それでも一つひとつ調べて返事だけは認《したた》めた。非常に手広く事業をやっていたのだから、手紙の往復だけでも容易なことではなかったに違いないが、それを一つひとつ自分で応答していた。その気力も、じつに非凡なものである。

もともと潔白な人で、金銭上のことから人に迷惑をかけるようなことは決してしなかった。金を儲けることは非常に好きだったが、普通に交際していると、とてもそんなふうには見えなかった。そして時々、「人には運、鈍、根の三つが必要だ」とか「耳たぶが肝心だ」とか、妙なことを言っていた。野蛮なところもあったが、「大欲は無欲に似たり」とでもいうのか、まったく金儲けをしたいというふうには見えなかった。

第一銀行は最初から古河氏のために金を融通していた。しかし長い年月の間、古河氏は一度でも利子を負けてくれと言ったことはない。銀行から計算書を送れば、古河氏は銀行がするままを信じきって、どんなに苦しい場合でも必ず都合して利子を払った。また、何かの場合に寄付金とか共同出資などをお願いすることがあると、ほかの人が責任を逃れるような時でも、自分から進んで引き受けたことが多い。

世間でたいていの人は、人を訪問する時に何か手土産を提げて行き、先方の機嫌を取るのが普通だが、古河という人はそんなことをしなかった。いわゆる贈り物をしたことが極めて希だったけれども、それも金を惜しんでのことではなく、生来そういうことが嫌いなのだった。私の先妻は義太夫が好きだったから、時おり古河氏は義太夫語りを連れて来て、「奥様、きょうはお好みの某々を連れてきました」と言って一夜を愉快に遊んでいった。

しかし、そのような場合にも、少しも私を煩わせることがなかった。とにかく学問がなかった人としては、珍しくも天才を発揮した人であった。

(三) 田中平八氏

田中氏は前の二者と比べて、ほとんどやり方を異にしていた。無学でありながら非凡の才能を持っていた点では同じだが、豪放不羈《ふき》といったような性格では、とうてい二人は及ばなかった。生まれは信州飯田の町周辺で、少年の頃から早く国事に志があり、東京に出てきたのも単に金儲けをしようということだけではなかったと思う。もし志を持ったならば、田中氏も志士として社会で重要な存在となっただろう。

私が田中氏と交際を始めたのは大蔵省に入ったあとのことだったが、非凡な人物であることは早くから認めていた。だから自分とはまったくやり方が違っていたにもかかわらず、終始親密に交わり、田中氏もまた深く私を信じてくれたと見え、病気がいよいよ重症となったあと、家事に関することを丁寧に託された。私は亡き友人の依頼であるから、以後できる限り田中家の業務上のことで忠告したこともある。

田中氏は普通の投資家ではない

田中氏は侠客肌の人で、投機心が旺盛だった。ちょっとしたことでも、すぐにそれを投機に利用した。しかし、投機をするからといって何でも欲張るのではなく、世の人々のようにむやみに金を蓄えたいというのとは大いにかけ離れていた。その頃はまだ学校とか貧民救助というような公共事業がなかったから、そういう種類のことに出資はしなかったけれども、こんにちまで生きていたならば、必ずこれらに義捐金《ぎえんきん》を出し、あるいはその勧誘にも喜んで応じたと思う。そして有益な使い道があれば、どんなことにでも惜しまずに金を使ったに違いない。田中氏は多くの芸妓などを集めてたびたび白縮緬を一反ずつあげたなどということから推測しても、もし公共のため、国家のため適切に使用する方法があれば、必ず財産を惜しまずそこに投じたことだろう。

自ら「天下の糸平」と称していたほどで、一種の侠気《おとこぎ》を漂わせていたから、その気位の高さは相当なもので、なかなか人に屈しなかったものである。当時、役人といえば、昔の武士のように権勢や威力を持っていたが、田中氏は少しもこれを恐れない。役所に出頭した時だけはしかたなく頭を下げたこともあるが、通りすがりなどで会っても、役人などまったく眼中に入れなかったように思われる。

そのやり方があまりに激しかったので、ある時、私は「君のように、役人を恐れずに実業家として気位を高くするのは立派である。及ばずながら渋沢が実業に従事した理由も、つまり実業家の地位を高めたいという思いにほかならない。だから君のやり方を悪いというのではないが、道理によらないでただ我流を通そうとするのは困る。役人には相当の礼儀を正し、品格をもって対したらよいだろう。君のように馬鹿呼ばわりして互角に交わろうとするのは、侠客なら知らないが、実業家としてはよいことではないだろう」と言って忠告したこともあった。

相場にかけては思いきった人

明治の初年、横浜にドル相場が立った。ドル銀と紙幣との相場である。ところが明治四年頃、二分銀が非常に下落して、紙幣で二分銀を買えば、百万円について六万円くらいの利益がある見込みだった。当時、私は大蔵省で井上馨侯の次官として奉職していたが、田中氏が来て、是非ドルの買い入れを引き受けさせてくれと願い出たことにより、私は井上侯に稟議し、田中氏と談判して、別の日に二分銀が高騰しても損失の責任を負うかと念を押したうえで、いよいよ田中氏に引き受けさせることにした。その頃は現在と違い、会計法の規定もなく、ただ大蔵次官の承認を得ればそれですむという非常に簡単な手続きであった。ところがその後、金が高騰したので、田中氏はドルの買い入れに困り果て、大いに損失することになった。のちに何かの折に会った時、「渋沢さんはじつにひどいことをする。ヨーロッパの経済の変動を承知していながら、私が損をするのを見ていた」と恨んだが、私は「じつは私も知らなかった。君があまりに海外の商売に習熟していないからである」と笑ったことがあった。

相場にかけては、なかなか思いきったことをした。その部下にも相当な人物が少なからずいた。私はもともと投機的なことが大嫌いだから、時々田中氏に会うと、相場をやめるように忠告したけれども、どうしてもやめなかった。もっとも晩年は病気だったためでもあるだろうが、あまりやらなくなったらしい。

私は友人として常に相場をやめろと忠告したり、欠点のようなところは遠慮なく咎《とが》めたりもしたのだが、第一銀行は田中氏を得意先として終始変わらずに取引していた。堅実を尊ぶ銀行が相場師を得意先にするのは不安のように思われるが、私はその人物を見込んで、少しも危険とは思わなかった。田中氏も一生を通じて取引上、私に迷惑をかけたことは一度もなかったのである。

酒席における天下の糸平

田中氏は平素でもなかなか気位が高かったが、酔うとまた格別だった。座敷の真ん中に大あぐらをかいて左右に芸妓などを侍《はべ》らせ、大言壮語して喜んでいた。普段、私に対しては多少敬意も払っていたのだが、酔うと「渋澤、こっちへ来い！」などと横柄なことを言うことが多かった。また酒に酔うと、ずいぶんいたずらをした。

いつだったか、故福地源一郎氏が私のもとにやってきて、「今度、田中を懲らしめてやる計画があるが、困れば必ずあなたのもとへ相談に行くに違いない。もしやって来たら、あなたも相談に乗って、困ったというふうにして彼を苦しめてやって下さい。こうして彼のあのいたずらを懲らしめたい」と言って帰った。

しばらくすると、田中が非常に心配そうな顔をして第一銀行に来て言うには、「今回、とんだことになって、自分は縛られはしまいかと思います。もし事実そんなことになれば、一生の恥辱になるから非常に心配です。何かよいお考えはありませんか」と本当に心配していらしい。

私は福地氏らの策略的中とわかったが、素知らぬ顔をして事情を尋ねると、田中氏は真面目に「先日の夜、あなた方と飲んだ時、あなたのご帰宅後に、私が芸者に対していたずらをしたというので、代理人を頼んで私のところへ訴訟すると言ってきた。何でも刑事上の罪人になるかもしれないという話だが、私はそんなに悪いことをしたとは思わないが……困ったことになった」と言って大いにしょげている。

私は、ここぞとばかりに付け込んだ。「よく事情を知らないからわからないが、場合によっては誣告罪《ぶこくざい》※①になるかもしれない。そうなると大変なことだ」と言って、ともに心配そうなふうを装ったので、田中はますます困り果ててしまった。そこで私は、「困ったことだが、放ってはおけない。私が中に入って口を利いてあげよう。その代わり、これからは芸妓に今までのような無理ないじめをしないようにしなければいけない」と言うと、田中氏は喜んで「もう、そんないたずらは決してしません」と言った。

その後、これはその場限りの作り事であるということがわかってしまったので、田中氏は私のもとにやって来て、「あなたまでが真面目な顔をして、じつにひどい」と言って笑ったこともあった。田中氏については、こんな話ならいくでもある。とにかく学問的には何ごとも知らなかったが、性格のある部分で抜きん出たところがある傑物だった。近頃あのような人物は、あまり見かけることができなくなってしまった。

【註】※① 誣告罪（ぶこくざい）◆虚偽告訴罪。

忘れがたき両先輩の親切

親切は成功の要素

明治五年に初めて国立銀行条例が発布された時、英蘭銀行のギルバート氏が著した「銀行員心得」というような書物を翻訳して、銀行成規（規則）の中の一部として添えて出版した。その心得にどんな条項が含まれていたのか、今は明確に記憶していないが、「そもそも銀行業者の事務を処理するには、丁寧で遅滞なく行なわれるようにすること。銀行として人から安心してもらうには、公平で親切でなければならない。銀行業者はわずかな利益のみを争うものではなく、時事によく精通して常に世の中の変遷を観察し、それに処す考慮がなければならない」などという説明があったことを覚えている。私はじつに四十年来、この精神で銀行の経営に当たってきたのである。

だいたい物事を処理するに当たって、速やかに行なおうとすればおのずと粗雑に流れやすく、丁寧さを重視すれば遅れがちになる。粗雑も悪いが、遅れがちもまた避けなければならない。しかし私は処世のうえで親切であることがもっとも必要であると信じ、どんなことでも親切という力によらなければならないとして、この方針に向けてできる限りの注意を払っている。

もちろん広い世間には、親切丁寧でなくても成功する者がいるかもしれないが、それは特殊な場合で例外というべきもので、私は世間にとっては親切が最大の美徳と信じているから、平素もそれについて心を配っているわけである。

私には四十年来、心から感銘を受けて忘れることができない親切な先輩が二人いる。一人は井上馨侯、もう一人は伊藤博文公である。井上侯は私が大蔵省に奉職していた頃からの先輩で、明治六年五月には大蔵大輔の職におられたのだが、政府の人と意見の食い違いがあり、思い切って大蔵省を去られた。その時、私も同じ行動をとって大蔵少輔の職を退いて以来、こんにちまで引き続いて交際を続けている。井上侯には時おりずいぶん筋違いの小言をいただくこともあるが、その誠心誠意の親切には知らず知らず心服させられ、身に染みて感謝することが多い。

第一銀行の創立

維新後、社会一般で大変革が行なわれたが、商工業者の地位だけは依然として古くからの状況のままだった。もちろん、国家の政治、軍事、法律、教育などを進歩させることも必要ではあるが、その根本となり基礎となるべき国民が富み、かつ栄えていかなければ、国家は本当に文明国であるとか富強であるとは言えない。このことに関しては「米びつ演説」の中で論じたとおりだが、その理由によって私は官吏の道を退き、率先して当時社会から卑下されていた商売人の中に身を置き、実業の世界を発展させる責任を負わなければならないと決意した。

私の友人の中にはこの決心に反対し、さまざまに中止するよう忠告してくれる者もいた。しかし私の意見としては、もちろん財産を多く増やすことはできないかもしれないが、商売人になったからといって、醜い行ないや汚れた行動は絶対にしない覚悟を決めた。天下に功名を挙げるような名誉はないとしても、宋の趙普《ちょうふ》※①が論語半部によって大祖を助け、半部によって自身を修めたというように、私もまた半部によって自身を修め、半部によって商業を営むと友人に明言したことがあった。

さて商人になろうとして自分を省みて、私の一番の長所は何なのだろうかと考えた。普通の小さな商売のようなことはできない。ヨーロッパの言葉は話せないから外国との商売もできない。ところが幸いなことに、自分は二、三年間大蔵省にいたため、自然に財政経済の準備運動のようなことをしていたから、できるなら日本の金融機関を作ってみたいと思いついた。そこで、この目的を達するには銀行業でなければならないと決意して、銀行家となって一生を送ろうと思い定めた。

このようにして、明治六年に初めて株式組織で創立したのが今の第一銀行である。その時、私は将来の覚悟を決め、一度官吏を辞めて在野となった以上は、たとえ総理大臣にされる場合があっても動かないことにした。誰が何と言っても、どんなに立派な地位にすえられても、私の望むところではない。自分が第一銀行のために尽くすのは、いわば一度嫁いだ女性が、二度も夫を持たないというほどの決心で取り組むことにしたのだった。

【註】※① 趙普（ちょうふ）◆北宋の政治家（九二二～九九二）。太祖、太宗の二代の君主に宰相として仕えた。冷静沈着で官吏としての能力はあったが、学問を修めてはいなかったので、太祖は趙普に読書を勧めた。それから趙普は熱心に読書し、一冊の本を片時も手放すことはなく、朝廷の重要な会議の前には必ずその書物を開いて読みふけった。その書物は論語であり、趙普は論語一冊の半分によって太祖を補佐して天下を定め、半分によって次皇である太宗を助けて天下を太平にすることに役立てたと語ったという。

小野組の破産

第一銀行の資本金は、その時は二百五十万円で、主だった株主は三井組、小野組、島田組の三者で、三井組も小野組もその持ち株はそれぞれ百万円だった。その頃の小野組の勢いはすばらしいもので、実力に比較するとそのやり方が大変派手で、事業を非常に拡張したいたから、第一銀行もそれを信用して貸出金が百数十万円という巨額に達したこともあった。

ところが明治七年十月頃だったと思うが、容易ならない警報が私の耳に入ってきた。というのは小野組の破産問題である。当時、世間はこのことを知らなかったけれども、小野組が勢いに乗じて手を広げすぎたために財政が困難になり、とうてい破産せざるをえない状況になる以外、救済の策がないことは早くから私の耳に入ったのであった。この件に関して私はじつに憂え苦しんだ。銀行が貸付金を容赦なく取り立てることは知っていたが、それを断行すれば銀行は安全でも、小野組はそのために早く破産してしまう。それはあまりに過酷なことで、自分にはできない。だからといって、このまま放っておけば、小野組の破綻とともに、せっかく苦心して成立させた銀行は試験中に倒れてしまわなければならない。

私はわずか五、六万円の株主だから自分の身に降りかかる損失はともかくも、生涯の事業と定めた銀行をここで消滅させることはいかにも残念である。どうしたものかと三井の人々とも相談してみたが、やはり妙案、奇策も浮かばない。私はこの間に挟まって毎日思案に暮れていた。

井上侯の親切

ところがある日、井上侯が突然、兜町の私が家（その頃、私は兜町の三井家所有の家屋に住んでいた）を訪ねてこられ、一緒に食事に行かないかと誘われた。その頃、井上侯とはいつも一緒に料理屋などに出入りしたもので、重要な相談や協議などもそういうところで行なっていたので、その日も誘われるままに何の気なしに山谷の八百善に行った。世間話をしながら夕飯を食べ終えたのだが、井上侯は膝を進めてこう言われた。

「ところで小野組がだいぶ危ない様子だが、銀行から貸し出している金についてはどういう処置をとるのか。君の前途に関係するばかりでなく、経済界のためにも心配であり、創立したばかりの銀行がうまくいくかどうかは、また新たに事業を起こそうとする者にも非常に影響を与えるわけである。じつは、そのことについて君の意見を聞きたいばかりに来たのだが、他人のいるところでは話もしにくいから、とうとうここまで来てもらったのである」

私には思いもよらないことで、その前にも小野組のことについては多少話もしていたが、井上侯がこれほどまでに心配してくださろうとは思わなかった。それも一時の気休めやお世辞で言われるのではなく、本当に私のために思ってくれているかと思うと、その親切心に対して私も動かされざるをえない。これまで小野組に対してとかく躊躇《ちゅうちょ》していたことも、ここで初めて固く決心することができた。

それで私は井上侯に対して「じつはこのように処分しようと計画を立てています」といちいち詳細に前後の始末を語った。そして「このことは小野組へは相談が整っていますが、まだ三井家との交渉ができていません」と言うと、井上侯は「よろしい。三井家のほうへは私から話してあげよう」と言われ、お蔭でこの件も予定通りに決着がつき、百数十万円も貸し出ししてあったにものに対して、わずかに一、二万円ばかりの損失で難関を切り抜けることができた。

もしこの時、井上侯の親切な言葉がなかったならば、第一銀行は現在どうなっていたかわからない。当時のことを思い起こすと、無事に過ごすことができたのはじつに井上侯の力によるところが大きいと思い、しみじみその親切心に感謝している。今も時々この話を井上侯にお話しすると「そのようなことがあったかね」と笑っておられる。

伊藤公の忠告

また、今思い出しても恥ずかしくてしかたないのは、故人となられた伊藤博文公から忠告された一言である。

それは共同運輸会社と三菱汽船会社とが激烈な競争をしていた頃のことだったと思うが、私は共同運輸会社の創立の時から相談役になっていたが、当時、三菱のやり方があまりに横暴を極めているというので、共同運輸会社の人々は非常に憤慨していた。その結果、交通担当の大臣に向かってその事情を陳述し、何とか制裁を加えてもらうことになったが、会社の人たちの中にはこの役目を果たす適当な人がいなかった。そこで、私はそれまで官吏だったので官吏に知り合いも多いということで、是非この役目を引き受けてもらいたいと申し込まれ、私は会社の人々の意向を聞いたうえで伊藤公を官邸に訪問することにした。

伊藤公に会見すると、私はまず会社の人々から聞き取ってきたさまざまな事柄を並べ立て、三菱汽船会社のやり方を非難した。ところが伊藤公は私の話には一言もはさまず、こちらが言うだけのことをすっかり言い終わると、やがて姿を正して次のように言われた。

「渋沢君はどうも奇妙なことを言われる。自分のほうのよいことを言うのは許すとしても、それを証拠立てるのために他人の悪事を挙げるというのは男子、君子が与しないことではないか。じつに卑怯なやり方だ。こういうことはお互いに慎みたいものである。まして君などは事業界から立派な人物だと見られているし、またおそらく君自身もそう思っているに違いない。そういう君からしてこんなことを言うようではじつに困るではないか」

私はこの忠告を聞いた時に、ほとんど穴にでも入りたいくらいに思い、顔を上げることができなかった。もちろん、自分はそういう意味で言ったわけではなかったが、こう言われてみると、こちらの言い分が悪かったと初めて悟った。それからというもの、私は自分の言動に少なからず注意を払うようになった。あとから思い巡らせば、伊藤公のこの時の忠告は私が精神修養をする意味で最も力のある一言だったと今も深く感謝している。

世の中には、ともすると他人が親切で言う忠告も好まない者がいる。「忠言耳に逆ふ」とは古人の嘆きで、他人の忠告を聞き入れるというのはちょっと難しいことだが、井上侯のように、伊藤公のように、親切から出た忠告は生涯忘れることができない。人の忠告を受け入れてその身をまっとうした例は今も昔もたくさんあることで、自分の身を立てるうえで、また世の中に処すうえで心しなければならない要件だろう。

わが生涯の悔恨事

私の排貿易論

誰でも現在という地点に立って、自分が経てきた過去の道筋を思い起こせば、必ず悔恨の思いに耐えられないようなことが一つや二つはあるものだろう。それは必ずしもその人の真意からそうなったこととは限らず、時代や風潮の影響を受けたり、あるいは周囲の情実とからんで離れられないような事情があってそうなったことが、後日、大いに後悔の種になるようなこともある。

このように言う渋沢なども、すでにその一人なのである。私の悔恨とは、青年時代に抱いた思想や目的が、老後の現在とはまったく異なったものとなり、形式的には右にすべきことを左にするようなことになった事実である。とりわけ排外論すなわち攘夷思想と海外貿易に対する誤った考えは、そのはなはだしいものだった。

　幕末における政界の狂乱期に身を投じて、しきりに尊王攘夷を主張することになった私の動機を考えると、もちろん忠君愛国の思想が主因となったことには違いないが、そもそも当時の海外貿易は我が国にとって不利であり、無益だと思うばかりだったことも、その原因の一つである。

　当時の自分の意見としては、貿易などは国家の富をいたずらに外国人に吸収されるだけで、我が国にとって利益は何もないということだった。その証拠に、外国から輸入する品物はみなろくでもないものばかりなのに、日本から持っていかれる品物は、いずれも立派な実用品だけである。たとえば生糸のようなものが出ていき、おもちゃに近いようなものばかりが入ってくる。この現象をこのまま放っておくならば、今後の国家はじつに容易ならない困難に出遭うだろうという杞憂、取り越し苦労を抱いていたのである。

　さらに私の憶測では、最近しきりに外人が日本の沿海に来て通商貿易を迫るのは、要するにそれらの表面的な目的を口実にして、最終的には国家を奪おうとするものではないだろうかという邪推もあった。

今から五十年前、確かに私はこれらの説を口にし、その考えによって各地を奔走したのだったが、それに引き換え、果たして現在はどうなっているだろうか。自ら先頭に立って大声で海外貿易を奨励し、あるいは自ら西欧諸国に渡ってその文明に触れ、またそれらを実際に行なって、しかも自らそれを本業としているではないか。

この間の思想の変遷、目的の変化は、持論がないのもはなはだしいと問い詰められ、責任を問われれば、弁解の言葉もなく窮する以外にないのである。しかし思想的にはそういった変化があったにもかかわらず、今もなお私の根本精神である孝弟忠信の道には変わるところがなく、またそれまでの道筋は違っていても、忠君と愛国の思いだけは変わらないことだけは、大声で人の前で語ることができる。

その原因

当時、なぜ私は通商貿易に反対意見を持つようになったのか。急ぐ問題ではないが、後世のためにその動機を詳細に説明しておきたい。今から五十年前に遡って世の中の形勢を考えると、一般国民はまったく海外の事情に通じておらず、外国人に対して一種の恐怖感を抱いており、外国人の来航は国土を略奪しようという野心にほかならないと一途に思い込んでいた。

このように言う私も、この誤解をしていた一人である。というのは、日本の過去の歴史がこれを証明していたからだ。すなわち元亀、天正の頃から日本人は早くもマレー半島その他の南方地域と交通があり、その目的は単に通商貿易だけではなく、あわよくば土地を侵略しようと心がけていたのである。山田長政や浜田弥兵衛などの伝記を見てもそれははっきりとわかる事実だが、すでに日本人にそういう考えがあったから、外国人の一挙一動も疑わずにはいられない状況において、外国人にもまるで同じ目的で日本に侵入した者がいた。

「西教史」はこの事情を詳細に記述しているが、足利氏の末路から織田豊臣時代にかけて、しきりにポルトガルなどがカトリック教を日本に布教しようとしたのは、一面このような目的も持っていたのである。その頃、日本に来たのはかの有名なイエズス会のフランシスコ・ザビエルという人で、当時の布教は単に宗教を世界に広めて、人々を苦しみから救済しようと努めたばかりでなく、同時に自国の領土を拡張しようという野心もあったように見える。

徳川氏は早くからこのことを懸念し、天草の乱があって以来、禍の元を未然に断たなければならないと決心し、鎖国主義を固辞してキリスト教を厳禁することにしたのである。すなわち私などは歴史から偏見を持っており、外国人の心の中はすべてそのように恐ろしいものだと信じていたのである。

烈公すなわち徳川斉昭の代になってから、水戸の学者は一斉にこのことを論じ、外国人の来航は天下に禍をもたらすと主張して、鎖国主義の張本人のような存在だった。そして私が青年時代に学んだ学問は、じつにこの鎖国論の製造元である水戸学派を受け継いだものだった。だから自然に私は、西洋人が日本に来て通商貿易を求めたのは、元亀天正の昔のことと同じであるに違いないと思い、ほかのことを考える余地がなかったのである。若輩の悲しさで、眼を見開いて天下の大勢を洞察することができず、先輩から教えられたことをそのまま信じて深く心に銘記したので、十七、八歳でついに道を踏み違えることになってしまったのである。

社会、風潮による感化

当時の自分の立場と現在とを比較してみると、私は社会に対して面目がない。一度は鎖国論を主張した者が、急転直下して開港の必要性を説いたばかりか、昔の貿易否定論者が現在は貿易必要論者となっているのである。だから単にこの事実だけを捉えて、渋沢は定見や持論のない人間であり、思想に一貫性がないと言われてもしかたがない。

とは言いながら、一歩退いて当時の社会の風潮に遡って考えてみれば、渋沢だけに定見がなく、思想に一貫性がなかったわけではないと思う。要するに当時の社会は、国民の上から下までがこぞって鎖国論を唱えており、当局者だけが進退きわまった結果、開国論を主張して一筋の活路としたのだが、これに賛成するものは誰もいなかった。明治時代のいわゆる元老諸氏でも、故伊藤博文公を初め多くの人は攘夷鎖国党だったのだ。社会の風潮がすでにそうだったとすれば、その中に生きていた我々青年がその風潮に感化されたのは、むしろ当然の結果と言ってよかろう。

しかし口では鎖国論、貿易否定論を唱えたけれども、胸に秘めた忠君愛国の思いだけは少しも変わるものではなかった。その頃、鎖国攘夷論が忠君愛国の思いの表れであると考え違いしていたのと、こんにちのように広く知識を世界に求めて国家の発達進歩を図り、国力を強大にするのが忠君愛国であると心得ているのとは、前者は消極的で後者は積極的であるという違いこそあれ、その偽らざる心は一つである。

井伊直弼大老を許す

先年、私が渡米した時、シラキューズ市でブルベッキ氏が開催した歓迎会の席上で、近代日本の歴史に通じたアメリカ人のグリフィスという人が、大老井伊直弼を日本における開国の元祖であると称賛した。その時、グリフィス氏の説に対して、私は反対の演説を試みた。

「グリフィス氏の発言は一を知って二を知らない人の意見であり、表面を見て裏面を見ていないと言わなければならない。その当時、井伊大老を斬ろうとした一人である私、すなわち渋沢が、こんにちではかえって渡米実業団の団長としてアメリカに来て、このように諸君と握手する一人となった。しかし当時、井伊大老を斬ろうとした者は必ずしも愚かだったのではない。自分はむしろ、井伊大老の臆病さを軽蔑している。

当時、井伊大老は天下の大勢を洞察する賢さによって開国を断行したわけではなく、足元に迫った諸問題の解決に苦しんだ結果、無茶苦茶に開国を行なってしまったまでである。であれば、開国論者としてあまり称賛できないし、攘夷論者としても決して優れているとは言えない。当時アメリカなどは、心からの友情によって日本を誘導し、助けようと努められたのだが、他はそういう親切な国ばかりではなく、機を見て日本を自分の手中に収めようと謀るところさえあった。この際、憂国の士が攘夷党となって現われたのはむしろ当然の現象で、それだけの気性を持つ国民であったからこそ、日本もついに現在のようにアメリカと親しく交際を深めることができたのである。

ところが、井伊大老を外交に功績を残した者とすることに我々は賛成できない。要するに井伊という人は、善にも悪にも恐れ従い、恐ろしいことにも親しみ、憎むべきことにも従うだけの者である。その際、我々攘夷党の誤りは、善悪ともに退けようと試みて、ついに貴国のような善意ある国をも排斥しようと主張したことであり、じつにお気の毒であったが、やむをえずそうしたのである」

以上が私の意見だった。私は当時の当局者だった井伊大老の態度をとくに悪く評するつもりはないが、とにかく井伊大老は、まったく自分に自信があって開国を断行したのではなく、やむをえず開国してしまったのであり、彼の態度は決して当時の社会一般の風潮に添うものではなかったのである。いずれにせよ、五十年前を顧みれば何ごとも夢のようである。ただ一つ昔も今も私の根本精神に変わりはなかったことだけは、少しは自分を慰めるのに足ることである。事情をよく知らない人の誤解を解くために、私の立場についてとくに弁明するしだいである。

渋沢栄一略年譜

一八四〇年（天保十一年）　武蔵国榛沢郡血洗島（現在の埼玉県深谷市）に生まれる。父や従兄弟から漢籍を学び、家業の養蚕・農業・藍問屋業に従事。

一八六三年（文久三年）　二十三歳。世の中の不合理に憤り、尊皇攘夷思想に染まって高崎城乗っ取りを計画したが中止し、京都へ出奔した。平岡円四郎の推挙により一橋慶喜の家臣となる。

一八六七年（慶応三年）　二十七歳。徳川昭武に従ってランスへ出立し、翌年帰国。

一八六九年（明治二年）　二十九歳。静岡藩に商法会所を設立。明治政府民部省租税正、改正掛掛長。

一八七〇年（明治三年）　三十歳。官営富岡製糸場設置主任。大蔵少丞。

一八七一年（明治四年）　三十一歳。大蔵大丞。「立会略側」を発刊し会社設立を奨励。

一八七二年（明治五年）　三十二歳。大蔵少輔事務取扱。国立銀行条例発布（日本初の近代的銀行制度スタート）

紙幣頭。

一八七三年（明治六年）　三十三歳。大蔵大輔・井上馨とともに財政改革を建議し退官。第一国立銀行総監役。以後その生涯、様々な分野に亘り約五〇〇社の企業設立と育成に関わる。

一八七六年（明治九年）　三十六歳。東京養育院事務長。以後、生涯約六〇〇に及ぶ社会事業、教育事業に関わる。

一八七八年（明治十一年）　三十八歳。東京商法会議所会頭。

一八八一年（明治十四年）　四十一歳。日本鉄道会社創立。

一八八四年（明治十七年）　四十四歳。東京商業学校校務商議委員。

一八八五年（明治十八年）　四十五歳。東京瓦斯会社創立委員長。日本郵船会社設立。東京養育院院長。

一八八六年（明治十九年）　四十六歳。東京電灯会社設立。「龍門社」創立。

一八八七年（明治二十年）　四十七歳。東京人造肥料、日本土木、東京製綱、京都織物、日本煉瓦製造、帝国ホテル等創立。

一八八七年（明治二十一年）　四十八歳。札幌麦酒会社組織。

一九〇一年（明治三十四年）　六十一歳。日本女子大学校開校・会計監督。

一九〇九年（明治四十二年）　六十九歳。渡米事業団を組織し団長として訪米。前後4回に亘り訪米し、民間外交を主導。

一九一四年（大正三年）　七十四歳。日中実業提携のため訪中。

一九一六年（大正五年）　七十六歳。第一銀行頭取等を辞し、実業界から引退。日米関係委員会常務委員。

一九二四年（大正十三年）　八十四歳。東京女学館館長。日仏会館理事長。

一九二七年（昭和二年）　八十七歳。日米親善人形歓迎会を主催。

一九二八年（昭和三年）　八十八歳。日本女子高等商業学校発起人。

一九二九年（昭和四年）　八十九歳。中央盲人福祉協会会長。

一九三一年（昭和六年）　十一月十一日死去。享年九十一歳

渋沢栄一 国富論《こくふろん》 実業《じつぎょう》と公益《こうえき》

2010年9月15日 第一刷発行 ISBN978-4-336-05311-4

著 者 渋 沢 栄 一
現代語訳・国書刊行会編集部
発行者 佐 藤 今 朝 夫

〒174-0056 東京都板橋区志村1-13-15
発行 株式会社 国 書 刊 行 会
TEL. 03(5970)7421 FAX. 03(5970)7427
http://www.kokusho.co.jp

落丁本・乱丁本はお取替いたします。
印刷 ㈱シーフォース
製本 ㈾村 上 製 本 所

資料　国書刊行会の渋沢栄一関連書籍

渋沢華子著『徳川慶喜最後の寵臣　渋沢栄一　そしてその一族の人々』
渋沢華子著『渋沢栄一、パリ万博へ』
下山三郎著『日々に新たなり　渋沢栄一の生涯』
渋沢栄一著『青淵百話』（渋沢青淵記念財団竜門社解説）
渋沢栄一著『論語と算盤』（渋沢青淵記念財団竜門社編）
渋沢栄一著『渋沢栄一訓言集』（渋沢栄一青淵記念財団竜門社編）
『渋沢栄一事業別年譜』（渋沢青淵記念財団竜門社編）
矢野功作・画『学習まんが　人間　渋沢栄一』（渋沢史料館監修）

——＊——＊——＊——＊——＊——

『渋沢栄一伝記資料』全六十八巻　渋沢栄一伝記資料刊行会
渋沢青淵記念財団竜門社